Student Viewer's Handbook
TO ACCOMPANY
DESTINOS
VOLUME 2 • EPISODIOS 27–52
THIRD EDITION

Bill VanPatten
University of Illinois at Chicago

Martha Alford Marks

Richard V. Teschner
University of Texas, El Paso

With additional comprehension materials by

Matt Borden
Marquette University

Beatriz Gómez-Acuña
University of Texas, Austin

J. Elisabeth Wright
University of Texas, Austin

Thalia Dorwick
Coordinator of Print Material for The McGraw-Hill Companies, Inc.

McGraw Hill

Boston   Burr Ridge, IL   Dubuque, IA   Madison, WI   New York   San Francisco   St. Louis
Bangkok   Bogotá   Caracas   Kuala Lumpur   Lisbon   London   Madrid   Mexico City
Milan   Montreal   New Delhi   Santiago   Seoul   Singapore   Sydney   Taipei   Toronto

McGraw-Hill

*A Division of The **McGraw·Hill** Companies*

This is an book.

Student Viewer's Handbook II to accompany *Destinos*

3 4 5 6 7 8 9 0 QPD/QPD 0 9 8 7 6 5

ISBN 0-07-249710-6

The editors were Thalia Dorwick, William R. Glass, Scott Tinetti, and Pennie Nichols-Alem.
The project manager was Brett Coker.
The production supervisor was Pam Augspurger.
The cover designer was Matthew Baldwin.
The photo researcher was Nora Agbayani.
The compositor was TechBooks.
Quebecor Press Dubuque was the printer and binder.

Grateful acknowledgment is made for the use of the following:

Photographs All photographs except the following are courtesy of Olivia Tappan and Creative Television Associates (Boston). Pages 1 and 61 © Peter Menzel.

http://www.mhhe.com

Contents

PREFACE

TO THE INSTRUCTOR

This Student Viewer's Handbook to Accompany *Destinos* is designed to help you use *Destinos* as a supplement in a wide variety of courses, at beginning, intermediate, or advanced levels of instruction. By using the Handbook, you and your students will enjoy viewing the fifty-two half-hour episodes of the television series more and get more out of them.

How to Use the *Destinos* Series

The fifty-two episodes can be viewed one per week over two academic years, two per week over a full year, or four or five per week for a full semester or quarter, depending on the course in which the series is used.

It is a good idea to have the episodes available in the Language Lab or Media Center so that students who miss a class meeting can view the episodes they missed. If the fifty-two episodes can be made available to students in a Lab or Media Center, *Destinos* can also be used purely as a supplement out of class: Students can work on the materials on their own as a homework assignment. If time and class goals permit, the materials can then be discussed in class.

How to Use the Student Viewer's Handbook

The twenty-six chapters of this volume of the Handbook correspond to the second twenty-six episodes of the series. Here is one way to use the chapters:

- Have students do the sections called **Preparación** before coming to class. You may wish to go over the answers to **Preparación** activities in class before viewing the episode.
- Watch the episode in class with your students, then do the **¿Tienes buena memoria?** activities with the whole class.
- Have students get into pairs or small groups to do the activities in **Intercambios**. Other, personalized **Intercambios** activities may also be assigned as homework, to be discussed in class later.
- Assign the **Más allá del episodio** sections to be done at home, then go over the follow-up activities in class.

Because no answers are provided in the Handbook, most of the activities in these sections also make ideal homework assignments.

Composition Assignments and *Destinos*

Because *Destinos* is characterized by a strong ongoing story line, you will find that it is relatively easy to create composition assignments based on the series. The most fundamental composition topic to assign is a summary of a given episode. However, you may find that students will write better compositions if such summary assignments are based on one or more of the two units of the second half of the series: Episodes 27–36 and 37–52. Individual story lines within the units and throughout all twenty-six episodes also make ideal composition topics.

Extended writing assignments called **Para escribir** are also found in review episodes 36 and 48–51. These sections offer guided writing topics using a step-by-step approach, providing a framework for students so that they will write better compositions.

It is also a good idea to lay a foundation for composition assignments in general by doing the first composition as an activity for the whole class.

Testing with *Destinos*

When *Destinos* is used as a supplement, whether as the basis for activities for the whole class or as an assignment out of class, it is a good idea to include material related to the series on quizzes and exams. Here are a few suggestions for testing with *Destinos*.

- It is possible to take test items or even whole activities directly from the **¿Tienes buena memoria?** sections. This is one way to ensure that students will perform those activities carefully.
- Because *Destinos* has a strong story line and strong character development, it is relatively easy to develop true/false items about the series. Other appropriate—and easy-to-write—testing formats include matching, multiple choice, incomplete statements, and short answer questions.
- Whichever testing format you select, you should keep test items focused on the major events and characters in the series rather than on details that most students will not catch, especially if they only view each episode once. Questions about details (the name of a hotel, a particular street address, the name of a minor character, and so on) can be fun as challenging activities in class, but they will be unfair testing items for most students.
- Be sure to let students know how test items on *Destinos* will be evaluated. Is their knowledge of the story line the most important issue? Or will spelling, grammar, and vocabulary use in their answers also be evaluated?

• • • • •

Finally, as you use the series in class, remember that *Destinos* is first and foremost an exciting series to watch! Our classroom experience with the series and class tests performed by other instructors indicate that students will enjoy watching the episodes and that they will want to talk about many aspects of them. Remember to make time for such class discussion. You may be surprised by how lively it will become!

TO THE STUDENT

Welcome to *Destinos*, a series of fifty-two half-hour television shows in Spanish. As you watch the shows, you will follow an unforgettable journey that has been designed to be enjoyable as well as instructional. You will not only follow the plot of an unfolding drama but will also experience, through the powerful medium of television, some of the places in which Spanish is spoken (including the United States).

The ease with which you understand the episodes of *Destinos* will depend in part on how much Spanish you have studied, and for how long. But one aspect of the television series will also help. As you watch the series, keep in mind that in each episode there are three kinds of Spanish. Two of them are specifically designed to be comprehensible to you: the Spanish spoken by an off-screen narrator and that spoken by a character called Raquel Rodríguez, who will review the major highlights with you at the end of each episode. You should be able to understand these two kinds of Spanish easily. In addition, each episode also contains segments of more rapid conversational Spanish, that is, when the characters are speaking to each other. In most cases, the characters' actions and the context of the continuing story line will allow you to get the gist of these conversations.

This Handbook can also help you a lot. It has been designed to make viewing the second twenty-six episodes even more enjoyable, because it will help you to understand more of the Spanish you will hear in them.

Just as there are twenty-six episodes in the second half of the television series, there are twenty-six chapters in the Handbook. Most chapters have three main sections.

- You should do the section called **Preparación** (*Preparation*) before you watch each episode. This section will prepare you to view the episode by highlighting important vocabulary, previewing information and conversations from that show, as well as reviewing important information from previous shows.

- After you have watched each episode, the section called **¿Tienes buena memoria?** (*Do You Have a Good Memory?*) will help you test yourself about what you remembered from the episode. The first group of activities in this section, **¿Qué recuerdas?** (*What Do You Remember?*), will test your knowledge of information in the episode with three different activity types. The first, **Preguntas** (*Questions*), will ask you to briefly answer some questions about the episode you just watched. Usually a word or a few words will suffice as an answer. The next activity type, **¡Busca el intruso!** (*Look for the Intruder!*), will ask you to make associations based on a group of words, and then underline the word or phrase that does not belong with the others. As individual people make their own associations among various items, there may often be more than one right answer. In the final activity type in this section, **¿Cierto o falso?** (*True or False?*), you will decide whether statements about the episode are true or false.

  The second group of activities in this section is called **Actividades** (*Activities*). If you can answer most of the questions in the activities in this section, you will have understood enough of the show . . . even though you may not have understood every word.

- Finally, in the section called **Intercambios** (*Exchanges*), you will have the opportunity to work with classmates as you complete activities based on a theme presented in the episode. There are also activities that you will work on as an individual, in which you discuss how a theme from the episode relates to your own life.

In addition, many chapters of the Handbook have a brief section called **Nota cultural** (*Cultural Note*), in which a wide variety of aspects of Hispanic culture are discussed. Most chapters of the Handbook also have a section called **Más allá del episodio** (*Beyond the Episode*) in which you will learn more information about some of the characters and events in the series.

Furthermore, the chapters that correspond to the review episodes of *Destinos* contain materials that will help you combine what you have learned so that you can talk about everything you have seen in the previous episodes. In addition to review activites, most review episodes have a section called **Para escribir** (*Writing*), in which you will write guided compositions about various topics. Some of the writing tasks involve summarizing the story line of *Destinos*, whereas others will ask you to write about your own life or the lives of those around you.

And now it's time to begin the series. Here is how the story begins.

An old man has retired to his hacienda outside a small town close to Mexico City. With the wealth he has accumulated since leaving Spain at the end of its bloody Civil War, he is restoring the hacienda to its original sixteenth-century splendor. But his health has begun to fail, and now he hopes to live out the remainder of his years peacefully, in the tranquillity of the Mexican countryside.

Then a letter arrives—a letter in which a woman from Spain makes claims about the old man's past. . . .

Destinos

Episodios 27–52

The story continues in a small town in the central meseta of Mexico, in Mexico City, and in the historic hacienda of La Gavia . . .

Un viaje a México: El pueblo, la capital

EL OCÉANO ATLÁNTICO

San Juan

PUERTO RICO

la Ciudad de México

EL MAR CARIBE

27

El rescate

The interactive CD-ROM to accompany *Destinos* contains additional practice with the video story line and will help you improve your skills in Spanish.

reparación

---

VOCABULARIO

Los sustantivos
el rescate rescue

Los verbos
alejarse (de) to draw away, grow apart (from)

Los adjetivos
unido/a united, close

Las palabras adicionales
tenerle envidia (a alguien) to envy (someone)

Note: In this video episode you will watch a condensed version of Raquel's search for the truth about don Fernando's past. You will see highlights of the main events of **Episodios 1–26**, following Raquel's travels from Mexico to Spain, then on to Argentina, Puerto Rico, and back to Mexico (although not just yet to her exact point of departure!).

You may be surprised to realize how much more you can now understand from previous video episodes. What was challenging when you were watching **Episodio 5**, for example, may seem easier to you now. That is a measure of how much you have accomplished as you watched the first twenty-six video episodes and worked with the Handbook.

Actividad A.

Antes de mirar el **Episodio 27**, trata de recordar algo de lo que pasó en los episodios previos. ¿Puedes completar las respuestas a las siguientes preguntas?

Nombres: don Fernando Castillo Saavedra, Mercedes Castillo, Raquel Rodríguez, Rosario, Elena Ruiz, Teresa Suárez

Lugares: la Argentina, Córdoba, Costa Rica, Madrid, México, San Juan; el cementerio, la excavación, La Gavia, el puerto

Parientes: el hermano, el medio hermano, el hijo, la primera esposa

1. ¿Dónde comenzó esta historia? ¿Con qué comenzó? ¿Y con quiénes?

   La historia comenzó en una hacienda, _____, en México. Comenzó con una carta escrita por una mujer en España a _____, el dueño de la hacienda. Don Pedro Castillo, _____ de don Fernando, contrató a una abogada norteamericana, _____, para hacer la investigación.

2. ¿A quién buscaba Raquel? ¿Por qué?

   Al principio Raquel buscaba a la persona que escribió la carta, _____. La buscaba porque en la carta indicaba que sabía algo de Rosario, _____ de don Fernando.

3. ¿A qué países viajó? ¿Qué ciudades visitó?

   Raquel viajó a España, _____ y Puerto Rico. Visitó a Sevilla, _____, Buenos Aires, _____, Ponce y San Germán.

4. ¿Dónde conoció a Ángela Castillo?

   Raquel conoció a Ángela Castillo en _____ del Viejo San Juan, en Puerto Rico.

5. ¿Adónde viajaron Ángela y Raquel? ¿Dónde está ahora el hermano de Ángela? ¿Qué le pasó?

   Viajaron a _____. Roberto, el hermano de Ángela, está en _____, donde hubo un accidente.

6. ¿Quién es Arturo Iglesias? ¿Sabe algo de lo que le pasó al hermano de Ángela?

   Arturo es _____ de Ángel Castillo, el hijo de don Fernando y _____. No sabe nada de lo que le pasó a Roberto.

Para pensar...

1. ¿Qué crees que va a pasar con Roberto, el hermano de Ángela? ¿Lo van a sacar de la excavación vivo o muerto?
2. Al final del **Episodio 26**, Raquel quería llamar a Arturo, para decirle lo que pasaba con Roberto. ¿Crees que Raquel pudo comunicarse con Arturo? ¿Cómo va a reaccionar Arturo a las noticias de Roberto?

Actividad B.

Paso 1

Vas a leer una conversación entre Raquel y Ángela mientras manejan un carro alquilado hacia el sitio de la excavación. Después de escuchar, contesta la pregunta.

ÁNGELA: Roberto siempre quiso venir a México. Se pasaba los días y las noches estudiando las civilizaciones prehispánicas.

RAQUEL: Roberto y tú son muy unidos, ¿verdad? En Puerto Rico me decías siempre que tu hermano era un encanto.

ÁNGELA: La verdad es que... pues, desde que se vino para México, nos hemos alejado un poco.

RAQUEL: Comprendo... con la distancia.

ÁNGELA: No, no es por eso. Es que.... Bueno, yo nunca le he dicho esto a nadie, Raquel. Pues, la verdad es que siempre le he tenido un poco de envidia a Roberto.

¿De quién habla Ángela en esta conversación?

a. _____ de su novio, Jorge
b. _____ de su hermano, Roberto
c. _____ de su padre, Ángel

Paso 2

Ahora lee la conversación otra vez. Al leer, piensa en el verbo **alejarse**. **Nos hemos alejado** significa *we've grown apart*. Después de leer la conversación otra vez, contesta las siguientes preguntas.

1. ¿Qué materia siempre le gustó a Roberto?

    a. _____ las civilizaciones prehispánicas
    b. _____ la historia de México
    c. _____ la geografía mexicana

2. ¿Cómo son las relaciones entre Ángela y Roberto desde que él se va a vivir a México?

    a. _____ Se sienten más unidos.
    b. _____ Están un poco alejados.
    c. _____ Nada cambió entre ellos.

3. ¿Qué secreto le revela Ángela a Raquel?

    a. _____ Le dice que no quiere a Roberto.
    b. _____ Le dice que Roberto no es realmente su hermano.
    c. _____ Le dice que siempre le ha tenido envidia a Roberto.

Para pensar...

1. ¿Conoces a hermanos como Ángela y Roberto? ¿Son unidos o están un poco alejados? ¿Tiene uno envidia al otro?
2. Imagina la conversación que va a tener Ángela con su hermano cuando lo vea. ¿Qué le va a decir?

. . . AFTER VIEWING

¿**T**ienes buena memoria?

¿QUÉ RECUERDAS?

Actividad A.   Preguntas

Contesta brevemente las siguientes preguntas sobre el **Episodio 27**.

1. ¿De quién hablaban Raquel y Ángela mientras manejaban hacia el pueblo? _____
    _____

2. ¿Cómo era Roberto de niño? _____

3. ¿Por qué se han alejado el uno del otro Roberto y Ángela? _____
    _____

4. ¿Por qué no entraron Raquel y Ángela en la excavación? _____

5. ¿A quién conocieron ellas en el hospital? _____

6. ¿Qué le pregunta Arturo al recepcionista al llegar al hotel? _____

7. ¿Por qué no pudo comunicarse Raquel ni con Arturo ni con Pedro? _____
    _____

Actividad B.   ¡Busca el intruso!

Para cada grupo de nombres, acciones u otras palabras, subraya (*underline*) el que no les corresponde a los otros.

1. la excavación, el rescate, la arqueología, el hospital
2. tenerle envidia, ser feliz, estar contento/a, alegrarse
3. inteligente, responsable, impetuoso/a, estudioso/a
4. Roberto, Raquel, Ángela, Arturo

Actividad C.   ¿Cierto o falso?

Indica si las siguientes afirmaciones son ciertas (**C**) o falsas (**F**).

C   F   1. Raquel y Ángela van al hotel antes de salir para la excavación.
C   F   2. Ángela y Roberto no son tan unidos ahora como antes porque Roberto le tiene envidia a su hermana.

C   F   3.   Según Ángela, Roberto era el hijo modelo de la familia.
C   F   4.   Cuando llegaron a la excavación, el guardia las dejó entrar.
C   F   5.   Raquel y Ángela encontraron a Roberto en el hospital del pueblo.

ACTIVIDADES

Actividad.   El repaso de Raquel

Los siguientes párrafos son del repaso que hace Raquel al final del **Episodio 27**, pero faltan unas palabras. ¿Puedes completar el repaso?

buscar a Roberto
empezó a mirar la lista de nombres
era más inteligente y responsable que ella
está desesperada
estaba bloqueado y no podíamos pasar
le tenía un poco de envidia
no sabe nada del accidente
que era un error
se llevaban muy bien
un poco culpable

¡**Q**ué día tuvimos hoy! Primero Ángela y yo llegamos a la Ciudad de México. Estábamos cansadas. Pero también estábamos muy preocupadas. Aunque estábamos cansadas, teníamos que venir a este pueblo. Teníamos que _____,[1] el hermano de Ángela.

Mientras manejábamos, hablamos de Roberto. Ángela me decía que ella y su hermano _____.[2] Pero también me confesó que _____[3] a Roberto. Ángela le tenía envidia a Roberto porque sentía que él _____.[4] Pobre Ángela. Ahora se siente _____.[5]

Bueno, por fin llegamos al sitio de la excavación. ¿Y qué pasó? El camino _____ _____.[6] Entonces, vinimos aquí, al hospital.

Le preguntamos a la recepcionista si estaba Roberto Castillo, y ella nos dijo que no. Entonces Ángela _____[7] y ¿qué encontró? Encontró el nombre R. Castilla. Por un momento tuvimos esperanzas. Pensamos _____,[8] que debía ser R. Castilla. Pronto supimos que no. R. Castilla era Rodrigo Castilla.

¡Qué lástima! La pobre Ángela _____.[9] Y ahora estamos aquí. Quiero hablar con Arturo porque estará esperándonos en el hotel y _____.[10] Pero no he podido comunicarme con él.

Atrapados

The interactive CD-ROM to accompany *Destinos* contains additional practice with the video story line and will help you improve your skills in Spanish.

BEFORE VIEWING . . .

 **reparación**

VOCABULARIO

Los verbos		Los sustantivos		Los adjetivos	
enterar(se) (de)	to find out (about)	**el acontecimiento**	happening, event	**atrapado/a**	trapped
jugar (ue) (al)	to play (*a game*)	**el asunto**	matter, affair, business		
rescatar	to rescue	**la esperanza**	hope		

Actividad A.

Antes de mirar el **Episodio 28**, trata de recordar lo que pasó en los episodios previos. Luego, indica si los siguientes acontecimientos ocurrieron (**Sí**) o no (**No**).

Sí No 1. Raquel y Ángela llegaron al área de la excavación donde trabajaba Roberto.
Sí No 2. Pudieron pasar en seguida al sitio del accidente.
Sí No 3. Llevaron a Roberto de urgencia al hospital.
Sí No 4. Arturo llegó a la casa de Pedro Castillo.
Sí No 5. Raquel no lo estaba esperando.
Sí No 6. Raquel quiso hablar con Arturo pero no pudo.

Actividad B.

En el **Episodio 28**, Raquel y Ángela pueden llegar a la excavación donde están atrapadas algunas personas. ¿Qué crees que pasará?

1. Roberto

   a. _____ morirá.
   b. _____ estará atrapado, vivo, en la excavación.

2. Arturo

   a. _____ seguirá sin saber lo que está pasando en la excavación.
   b. _____ se enterará del accidente por la televisión y saldrá en seguida para el pueblo.

Actividad C.

Paso 1

En este episodio y a lo largo del resto de la serie, vas a ver con frecuencia a los miembros de la familia Castillo Saavedra. Los conociste a todos en los primeros episodios, pero ¿recuerdas ahora quiénes son? Lee las siguientes descripciones de algunos de ellos e identifícalos.

a. Mercedes	d. Carlos	g. Carmen
b. Ramón	e. Maricarmen	h. Juan
c. Pedro	f. Pati	i. Consuelo

1. Es uno de los hijos de don Fernando. Ya no vive en La Gavia, ni en México. Vive en los Estados Unidos, en Miami, y trabaja en la compañía Castillo Saavedra. Su esposa se llama Gloria y ellos tienen dos hijos.
2. Es el único hijo de don Fernando que vive en La Gavia. Esta persona llamó a sus hermanos al principio de la historia, cuando su papá quería hablar con toda la familia. Su esposa se llama Carmen y ellos tienen una hija, Maricarmen.
3. Esta persona es la hija de don Fernando y la hermana de Ramón y Carlos. También vive en La Gavia. No parece tener esposo, pero realmente no se sabe mucho de su vida en este momento. Lo que sí es aparente es que sufre mucho por la enfermedad de su padre.
4. Esta persona está casada con Juan, uno de los hijos de don Fernando. Ella y su esposo no viven en México. Los dos viven y trabajan en los Estados Unidos, en Nueva York. Todavía no tienen hijos.
5. Es el hermano de don Fernando. Al principio de la historia, se puso en contacto con Raquel, para que ella hiciera la investigación. El trabajo de Raquel es muy importante para él.

Paso 2

Ahora completa el siguiente árbol de la familia, usando nombres del **Paso 1**.

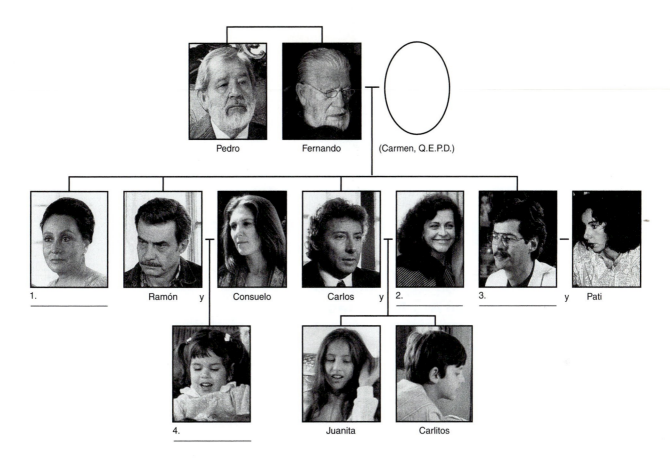

Pedro   Fernando   (Carmen, Q.E.P.D.)

1. _____   Ramón   y   Consuelo   Carlos   y   2. _____   3. _____   y   Pati

4. _____   Juanita   Carlitos

Actividad D.

Paso 1

Vas a leer una conversación entre el médico de don Fernando y sus hijos. Después de leer, contesta las preguntas del **Paso 2**.

DOCTOR: Su estado es muy delicado. Es necesario consultar a un especialista.

RAMÓN: ¿Y Ud. recomienda a alguien en particular?

DOCTOR: Conozco al mejor especialista en México, pero está de viaje. Está dando una serie de conferencias en Europa. No regresa hasta el fin de mes.

MERCEDES: ¿Y podemos esperar hasta entonces?

DOCTOR: No. Recomiendo que lo examine un especialista lo antes posible.

RAMÓN: ¿Y no hay otro, doctor? ¿Uno que sea de confianza?

DOCTOR: También conozco a otro muy bueno que radica en la ciudad de Guadalajara. Tiene una clínica muy bien equipada en la Universidad de Guadalajara.

MERCEDES: ¿En Guadalajara? ¿Y aceptará venir a México?

DOCTOR: Eso no lo sé.

Paso 2

1. Según lo que dice el médico, ¿cómo está don Fernando?

   a. _____ mucho mejor   b. _____ muy mal   c. _____ igual que antes

2. El médico recomienda a dos especialistas. ¿Es posible consultar al primero en este momento?

   _____ Sí.   _____ No.

3. Ramón quiere el nombre de un médico «que sea de confianza». ¿Qué puede significar esta frase?

   a. _____ one who can respect the confidentiality of the case
   b. _____ one in whom the family can have confidence

. . . AFTER VIEWING

¿ **T** ienes buena memoria?

¿QUÉ RECUERDAS?

Actividad A.   Preguntas
Contesta brevemente las siguientes preguntas sobre el **Episodio 28**.

1. ¿Qué averiguó el Padre Rodrigo al llegar a la excavación? _____

2. ¿Está Roberto en el hospital o está atrapado en la excavación? _____

3. ¿Por qué quiere el médico que don Fernando vea a un especialista? _____

4. ¿Dónde están los dos mejores especialistas de México? _____

5. ¿Por qué se quedó Pati en casa con los niños? _____

6. ¿De qué se preocupan Pedro y Mercedes? _____

Actividad B.   ¡Busca el intruso!
Para cada grupo de nombres, acciones u otras palabras, subraya el que no les corresponde a los otros.

1. el pie, las orejas, los ojos, la nariz
2. Guadalajara, Monterrey, Sevilla, México
3. la cordillera, el volcán, la meseta, la capital
4. ganar, perder, tener éxito, triunfar

Actividad C.   ¿Cierto o falso?
Indica si las siguientes afirmaciones son ciertas (**C**) o falsas (**F**).

C F 1. El médico quiere que don Fernando vea a un especialista.
C F 2. Pati va con Juan y Carlos al hospital para ver a don Fernando.
C F 3. El Padre Rodrigo les dice a Raquel y Ángela que Roberto es uno de los atrapados.
C F 4. Gloria regresa a casa para acostar a los niños.
C F 5. Mercedes le dice a Pedro que Juan y Pati tienen problemas matrimoniales.
C F 6. Pedro decidió no llamar a Arturo después de recibir su recado.

ACTIVIDADES

Actividad A.   En la excavación
Identifica al personaje a quien se refiere.

a. Raquel Rodríguez
b. Ángela Castillo
c. Arturo Iglesias
d. Roberto Castillo
e. el Padre Rodrigo

1. _____ Le dio a Ángela noticias sobre su hermano.
2. _____ Se durmió sin ver las noticias de la televisión.
3. _____ Trató de llamar a Arturo, pero no pudo comunicarse con él.
4. _____ Todavía estaba vivo, aunque estaba atrapado en la excavación.
5. _____ Estaba angustiada, pero no podía hacer nada.
6. _____ Les recordó a todos que había que tener fe.
7. _____ Trató de apoyar a su amiga tanto como pudo.

Actividad B.   En la capital

Al mismo tiempo que Ángela y Raquel siguen con angustia los acontecimientos de la excavación, los miembros de la familia Castillo tienen sus propios problemas. Completa las siguientes oraciones sobre lo que pasa en la capital.

1. El médico les dice a los miembros de la familia que hay que consultar a un especialista... en dos o tres semanas / en seguida.
2. El especialista está en... la capital / Guadalajara.
3. Pedro y Mercedes están muy preocupados... por don Fernando / por don Fernando y por otros asuntos familiares.

Para pensar...

En este episodio, Pedro y Mercedes hablan brevemente de tres asuntos que les preocupan en este momento. ¿Cuál crees que va a ser el resultado de cada uno de ellos?

1. ¿Qué le va a pasar a don Fernando? ¿Va a morir pronto? ¿sin conocer a sus nietos?
2. ¿Qué va a pasar entre Juan y Pati? ¿Cuáles son las dificultades que experimentan en esta época? ¿Las van a poder superar?
3. Y lo de la oficina en Miami, ¿en qué consiste? ¿Por qué no les ha dicho nada Carlos a sus hermanos y a su tío? ¿Es sólo porque don Fernando está enfermo?

Nota cultural: Hablando de la familia Castillo

You initially met the members of the Castillo family at La Gavia, the rural estate owned by don Fernando. In this video episode you have seen them in the urban environment of Mexico City. The following aspects of their life and lifestyle are worthy of note.

- Although Ramón and his family live at La Gavia, they also have a home in Mexico City. It is not uncommon for well-to-do Hispanic families—Mexicans, in this case—to have several residences. In Mexico wealthy people often have two residences in the same city. One is viewed as the primary residence; the other may be used for entertaining or as a place for out-of-town guests to stay (rather than in a hotel).
- Carlos's children have been exposed to a number of elements of U.S. culture, such as **Simón dice** and **el Sr. Papa**, because they have been growing up in Miami. They spend as much time as is practical in Mexico, therefore they are also quite comfortable in that country. At this stage of their lives, it is fair to describe them as bicultural, participating in the language, culture, and cultural values of both the English-speaking and the Hispanic worlds.

ntercambio

Paso 1

¿Has pensado alguna vez en la evolución y cómo serán los seres humanos dentro de un millón de años? Utilizando el modelo como guía, escribe cinco oraciones sobre lo que crees que serán los rasgos físicos de los seres humanos.

MODELO: No tendremos pelo en los brazos.

Paso 2

Comparte tus ideas con otras dos personas. Luego, deben escoger las cinco mejores ideas y presentarlas a la clase. ¿Hay ideas comunes en la clase?

ás allá del episodio: El Padre Rodrigo

El Padre Rodrigo, un cura[1] rural con un pasado triste pero con mucha fe

El Padre Rodrigo nació en una familia humilde[2] en un pequeño pueblo del estado de Michoacán. Su madre murió durante el parto.[3] Unos años después, su padre, quien era una persona muy violenta, murió en una pelea que tuvo con otro hombre. A los cinco años pues, Rodrigo quedó huérfano. En vez de irse a vivir con unos parientes, que es lo que generalmente pasa con un huérfano en la mayoría de los países de habla española, Rodrigo fue «adoptado» por la Iglesia Católica y se fue a vivir en un orfanato dirigido[4] por hermanos de una comunidad religiosa.

En el orfanato, conoció a un cura, el Padre Tomás, a quien pronto le tomó mucho cariño. El Padre Tomás era muy querido por[5] todos y era especialmente muy bueno con los chicos. Para Rodrigo, el Padre Tomás era un padre sustituto —un padre que, desgraciadamente, iba a morir muy joven, un año después de que Rodrigo lo conoció. Al morir el Padre Tomás, el niño juró[6] que se dedicaría a la vida eclesiástica.

Rodrigo era un niño muy despierto[7] e inteligente. En la escuela sacaba siempre muy buenas notas. Después de reconocer su vocación por la vida religiosa, su materia favorita era el catecismo. Se destacó[8] entre los otros niños por su voluntad de aprender y el esmero[9] con que preparaba sus tareas. Como que era tan buen estudiante, sus maestros le dedicaban más tiempo y lo empujaban a estudiar y hacer más de lo que hacían los demás estudiantes.

Con esta atención especial, el joven Rodrigo florecía[10] e iba olvidándose de la tristeza de sus primeros años. Ya tenía una familia para toda la vida: la Iglesia Católica. Cuando salió del seminario, quería volver al estado de Michoacán; tenía una vocación especial para trabajar con la gente humilde.

Otro niño en el lugar de Rodrigo tal vez habría resentido[11] la pobreza de su niñez y la tragedia de la pérdida[12] de tantas personas queridas. Pero Rodrigo era optimista por naturaleza y prefería enfocarse en lo positivo. Aun era capaz de perdonarle a su padre difunto la violencia de algunas de sus acciones. Rodrigo sinceramente creía que todo en este mundo ocurre por un plan de Dios y que la mejor actitud en cualquier situación difícil es tener fe. Cuando Raquel y Ángela conocieron al padre en el pueblo, su actitud positiva les sirvió de apoyo[13] cuando más lo necesitaban.

[1]*priest* [2]*relatively poor* [3]*childbirth* [4]*run* [5]*querido... loved by* [6]*swore* [7]*alert* [8]*Se... He stood out* [9]*great care* [10]*blossomed* [11]*habría... would have resented* [12]*loss* [13]*les... was supportive to them*

EPISODIO

¡Se derrumbó!

The interactive CD-ROM to accompany *Destinos* contains additional practice with the video story line and will help you improve your skills in Spanish.

BEFORE VIEWING . . .

Preparación

VOCABULARIO

Los verbos

atender (ie)	to attend to, take care of
derrumbarse	to collapse
desesperarse	to despair, lose hope

Los sustantivos

el calmante	sedative
la fiebre	fever
la garganta	throat
el resfriado	cold
el termómetro	thermometer

Los adjetivos

hinchado/a swollen

Las palabras adicionales

ponerle (a alguien) una inyección to give (someone) a shot

Actividad.

En el último episodio de *Destinos*, viste lo que pasó en la excavación y también conociste de nuevo a varios miembros de la familia Castillo. Completa las siguientes oraciones según lo que ocurrió en el episodio.

1. Después de completar el examen de don Fernando, el doctor que lo atendía le dijo a la familia que don Fernando

   a. _____ podía volver a La Gavia.
   b. _____ tenía que quedarse en la clínica una semana más.
   c. _____ necesitaba ver a un especialista.

2. En la familia Castillo

   a. _____ nadie sabía del accidente que ocurrió en la excavación donde trabajaba Roberto.
   b. _____ todos sabían lo del accidente en la excavación.
   c. _____ sólo Pedro sabía lo del accidente.

3. Roberto

   a. _____ logró escapar del derrumbe.
   b. _____ murió en el derrumbe.
   c. _____ es una de las personas atrapadas en el derrumbe.

4. Arturo

   a. _____ leyó la noticia del derrumbe en un periódico.
   b. _____ vio la noticia del derrumbe en la televisión.
   c. _____ se quedó dormido frente al televisor y no vio la noticia del derrumbe.

. . . AFTER VIEWING

¿Tienes buena memoria?

¿QUÉ RECUERDAS?

Actividad A. Preguntas

Contesta brevemente las siguientes preguntas sobre el **Episodio 29**.

1. ¿A quién sacaron del túnel de la excavación? _____

2. ¿Por qué le dio el médico un calmante a Ángela? _____

3. ¿Cuáles eran los síntomas que mostraba Carlitos? _____

4. ¿Por qué no quiere Carlitos que el médico venga a verlo? _____

5. Para don Fernando, ¿qué es lo malo de estar en el hospital? _____

Actividad B. ¡Busca el intruso!

Para cada grupo de nombres o palabras, subraya el que no les corresponde a los otros.

1. el dolor de garganta, la fiebre, el resfriado, la enfermera

2. el termómetro, la medicina, las pastillas, una inyección

3. la santa patrona, Cristóbal Colón, la Virgen de Guadalupe, el símbolo religioso
4. el médico, la enfermera, el hombre de negocios, el paciente

Actividad C.   ¿Cierto o falso?

Indica si las siguientes afirmaciones son ciertas (**C**) o falsas (**F**).

C   F   1. Sacaron a dos hombres y una mujer de la excavación.
C   F   2. Ángela se puso histérica cuando el túnel se derrumbó otra vez.
C   F   3. Juanita se puso enferma; tenía fiebre y le dolía la garganta.
C   F   4. El médico le dio a Raquel un calmante para calmarla.
C   F   5. A don Fernando le gusta que las enfermeras le pongan inyecciones.
C   F   6. Carlitos tiene miedo de las inyecciones; por eso no quiere que el médico venga a ponerle una.

ACTIVIDADES

Actividad A.   En la excavación

Después de tomar un calmante, Ángela por fin se pudo dormir y Raquel también se durmió. Al despertarse, Raquel resume los acontecimientos más importantes que ocurrieron en la excavación. ¿Puedes completar el resumen?

1. teníamos pocas esperanzas
    teníamos muchas esperanzas
2. a un hombre y a una mujer
    a un profesor de Roberto
3. pero no fueron muchos los daños
    y se derrumbó todo otra vez
4. comenzó a salir
    comenzó a llorar
5. acostumbrarme al tiempo que hace aquí en la meseta
    comunicarme con la familia de don Fernando
6. Arturo
    Roberto

Pues, el calmante ha hecho su efecto. Ángela está dormida. Pobre. Debe estar cansadísima... y con mucha razón. Han pasado tantas cosas. Cuando volvimos al sitio de la excavación, _____.¹ Creíamos que sacaban a Roberto del túnel. ¿Y qué pasó? ¿Sacaron a Roberto? No sacaron a Roberto. Sacaron _____.²

Poco después, ocurrió algo inesperado. Ninguno de nosotros pensamos que eso ocurriría. ¿Recuerdan qué pasó? Bueno, hubo un segundo derrumbe _____.³

Pues, esto fue demasiado para Ángela y _____.⁴ Y tuvimos que traerla aquí. El doctor le dio un calmante. Poco después, entró el Padre Rodrigo con noticias.

Y aquí estamos. Ángela está dormida. Yo también tengo ganas de dormir, pero estoy muy preocupada. No he podido _____.⁵ ¿Sabrán ellos que estamos aquí? ¿Y cómo estará don Fernando?

Hmmm. Bueno, ya no puedo hacer nada más que esperar. Estoy muy cansada. ¡Ay! ¡Me olvidé de _____⁶! Debe estar preocupadísimo.

Actividad B. En la capital

Mientras Ángela y Raquel esperan noticias de Roberto, en casa de Pedro la vida sigue igual, con unos pequeños problemas. Las siguientes oraciones describen algunas de las cosas que pasan, pero hay un error en cada oración. Corrige las oraciones, cambiando solamente una palabra en cada una. Luego inventa una oración más sobre cada escena.

Por la noche

1. Juanita no se siente bien.

2. Carlos y Gloria le toman la temperatura.

3. también le dan una inyección.

4. _____

Al día siguiente

5. toda la familia se reúne para cenar.

6. Carlitos no está enfermo.

7. Carlos le dice que el doctor le va a poner una inyección.

8. Mercedes se pregunta por qué Arturo no ha llegado todavía.

9. Pedro le dice a la familia que anoche llamó Raquel.

10. _____

¡Un desafío! Durante el desayuno, se menciona que una persona llegó tarde a casa anoche. ¿Recuerdas quién era?

Para pensar...

1. ¿Crees que Ángela es una persona fuerte? En tu opinión, ¿quién es más fuerte, Ángela o Raquel?
2. ¿Crees que es bueno ocultarle a don Fernando lo del accidente de Roberto? ¿O deben decirle los hijos lo que está pasando?

Nota cultural: Dos tradiciones mexicanas

In this video episode you learned some information about two very important Mexican traditions, one secular and the other religious.

- Not only does Arturo miss news of the excavation on TV, but he also misses an advertisement for the **Ballet Folclórico de México**. The spectacular performances of this dance troupe reflect the music and traditions of native Mexican peoples: the Mayas, the Aztecs, and many other civilizations that constitute the country's rich indigenous heritage, of which all Mexicans are aware and proud.
- In Mexico, a European heritage exists alongside the indigenous culture. Father Rodrigo promises Ángela that "**la Virgen cuidará a tu hermano**." The Virgin to whom he is referring is the Catholic **Virgen de Guadalupe**, whose veneration started soon after the arrival in Mexico of the first Spanish priests and religious brothers. Today **la Virgen** is the patron saint not only of Mexico but also of all of Latin America. She is venerated as well by many Hispanic Catholics living in the United States. It is not a good idea to assume that all Hispanics are Catholic, however. In Mexico, for example, there are many Mexican Protestants and Jews, as well as members of other religious traditions.

Intercambio

Paso 1

Apunta tres enfermedades o condiciones físicas y las recomendaciones de un médico.

MODELO: una fiebre: «Quiero que tomes dos aspirinas cada cuatro horas.»

_____

_____

_____

Paso 2

Ahora presenta sólo las recomendaciones del médico. No menciones la enfermedad. ¿Pueden adivinar tus compañeros cuál es la enfermedad?

Paso 3

Después de escuchar todas las recomendaciones, como clase decidan qué enfermedad es la más frecuente. ¿Cuál es la recomendación más común? ¿Es lo que Uds. hacen normalmente?

Más allá del episodio: Mercedes y Gloria

Mercedes y Gloria, dos mujeres de la misma generación pero muy diferentes

Mercedes y Gloria se conocen desde hace muchos años,[1] pero sus relaciones nunca han sido muy buenas. La verdad es que a Mercedes no le gusta mucho su cuñada, y eso desde el primer día que Carlos llevó a Gloria a La Gavia a conocer a su familia.

Mercedes siempre pensó que Gloria no estaba a la altura de[2] su hermano y que no sería[3] una buena esposa para él. No ha cambiado de parecer[4] con el paso de los años. Gloria, por su parte, al principio trató de no hacer caso de[5] esta actitud negativa de su cuñada. Hizo muchos esfuerzos para adaptarse a las costumbres de la familia Castillo. Pero, desgraciadamente, nunca pudo superar[6] la «barrera» que la separaba de ellos.

En la actualidad,[7] Mercedes le reprocha a Gloria sobre todo el no ocuparse bien de sus hijos. Según ella, cada vez que la familia se reúne, es siempre su hermano Carlos quien se ocupa de Carlitos y Juanita y Mercedes cree que eso no debe ser así. Además, Gloria pasa mucho tiempo fuera de casa, y Mercedes nunca pierde la ocasión de hacérselo notar[8] al resto de la familia. Las dos mujeres nunca se pelean abiertamente, pero hay siempre tensión entre ellas, una tensión que los otros miembros de la familia sienten...

Lo peor ocurrió cuando murió doña Carmen, la segunda esposa de don Fernando y, claro, la madre de Mercedes. Gloria no asistió al funeral. Y esto fue el colmo.[9] Carlos apareció solo, dándoles a todos una vaga excusa para justificar la ausencia de su esposa. Es cierto que la ausencia de Gloria les molestó a todos, ya que son una familia muy unida. Pero mientras los otros aceptaron la explicación de Carlos, Mercedes tomó la ausencia de Gloria como una ofensa personal... una ofensa que nunca le ha perdonado a su cuñada.

¿Por qué no asistió Gloria al funeral? ¿Dónde estaba y qué hacía?

---

[1]desde... *for a long time*   [2]a... *worthy of*   [3]no... *wouldn't be*   [4]No... *She hasn't changed her opinion*   [5]no... *ignore*   [6]*overcome*   [7]En... *At present*   [8]hacérselo... *call it to the attention*   [9]*last straw*

30

Preocupaciones

The interactive CD-ROM to accompany *Destinos* contains additional practice with the video story line and will help you improve your skills in Spanish.

BEFORE VIEWING . . .

P reparación

Actividad A.

A continuación tienes el texto del resumen del narrador que, como siempre, vas a leer al principio de este episodio, pero hay algunos detalles incorrectos. Indica la información equivocada. (Hay uno o dos detalles incorrectos en cada párrafo.)

En el episodio previo, cuando Raquel y Ángela llegaron al sitio de la excavación, ya sacaban a dos personas. Pero ninguna de las dos era el hermano de Ángela. Justo en ese momento, hubo otro derrumbe en la excavación. Roberto Castillo quedó atrapado de nuevo y murió. Ángela estaba desesperada.

Al día siguiente, en la Ciudad de México, la familia Castillo desayunaba y hablaba del derrumbe en la excavación. Mientras la familia desayunaba, Gloria hablaba con su hijo, quien estaba enfermo la noche anterior.

Muy contento porque ya sabía algo de Raquel, Arturo bajó a la recepción del hotel y preguntó por ella. Solo y sin amigos en esta ciudad grande, Arturo salió a la calle.

Para pensar...

Imagina que eres Arturo y que te encuentras en la situación que se describe al final del episodio previo. ¿En qué estás pensando? ¿Cuáles son tus preocupaciones? ¿Qué necesitas? ¿Qué vas a hacer para tratar de resolver algunas de tus preocupaciones?

Actividad B.

Paso 1

En este episodio, vas a ver otra vez a un personaje que apareció mucho antes, en uno de los primeros episodios de *Destinos*. Es Ofelia, la secretaria de Carlos en Miami.

Como muchas personas que viven en la Florida, Ofelia es cubana. Su dialecto del español y acento son diferentes de los de los otros personajes de la serie. Lee parte de una conversación telefónica entre Carlos y Ofelia. Luego contesta la pregunta.

OFELIA: Industrias Castillo Saavedra.
CARLOS: Hola, Ofelia. Sí, aquí Carlos.
OFELIA: Ay, ¿qué tal, Sr. Castillo? ¿Cómo está? Lo echamos mucho de menos por aquí...
CARLOS: ¿Y cómo están los demás?
OFELIA: Todo bien por aquí, todos bien. Mire, por cierto, hoy fuimos a comer a un restaurantito que está por aquí cerca. Es nuevo.
CARLOS: ¿Ah sí? ¿cubano?
OFELIA: Cuando venga, tiene que ir para allá. Fuimos con una amiga a almorzar.

¿De qué le habla Ofelia a Carlos?

a. _____ de su familia
b. _____ de un nuevo restaurante
c. _____ de un nuevo cliente

Paso 2

En este episodio, el Padre Rodrigo sigue muy preocupado por el bienestar de Ángela y Raquel. Les hace una sugerencia sobre algo que cree que ellas deben hacer. Lee su conversación con ellas. Luego completa la oración.

ÁNGELA: ¿Podemos ir a la excavación?

RODRIGO: Mira, no vale la pena. ¿Por qué no se quedan aquí en el pueblo? Necesitan descansar.

RAQUEL: Tiene razón. ¿Hay un hotel?

RODRIGO: No. Pero se pueden quedar con la Hermana María Teresa. Ella es muy buena y les puede dar donde bañarse y descansar.

El Padre Rodrigo les

a. _____ recomienda a las dos mujeres que vayan a un hotel en el pueblo.

b. _____ recomienda que se queden con una persona religiosa.

Como en inglés, la palabra **hermana** se refiere no solamente a un miembro de la familia sino también a las mujeres que dedican su vida al servicio de Dios en una comunidad religiosa.

. . . AFTER VIEWING

¿Tienes buena memoria?

¿QUÉ RECUERDAS?

Actividad A.   Preguntas

Contesta brevemente las siguientes preguntas sobre el **Episodio 30**.

1. ¿Adónde va Arturo mientras espera noticias de Raquel y Ángela? _____

2. ¿Por qué no puede comunicarse Raquel con la casa de Pedro? _____

3. ¿De qué hablan Carlos y Pati? ¿Adónde tendrá que ir ella, posiblemente? _____
   _____

4. ¿Qué les recomienda el Padre Rodrigo a Ángela y Raquel que hagan mientras esperan más noticias? _____

5. ¿Quién les da a Ángela y a Raquel un lugar para descansar y bañarse? _____
   _____

Actividad B.   ¡Busca el intruso!

Para cada grupo de nombres, lugares u otras palabras, subraya el que no les corresponde a los otros.

1. el centro, las montañas, las afueras, los barrios

2. el mercado, la farmacia, la tienda, la finca

3. Francisco Oller, Fidel Castro, los refugiados, la Pequeña Habana

4. el derrumbe, el colapso, el descanso, las ruinas

Actividad C.   ¿Cierto o falso?

Indica si las siguientes afirmaciones son ciertas (**C**) o falsas (**F**).

C F   1. En la Ciudad de México no hay muchos edificios altos.

C F   2. En un pueblo, el centro típicamente consiste en el ayuntamiento, unas tiendas y una iglesia.

C F   3. Raquel quiere ir al pueblo para hacer una llamada telefónica.

C   F   4.   Arturo fue a la oficina de turismo para conseguir un mapa y direcciones.
C   F   5.   Pati descubrió que había problemas en el teatro en Nueva York.
C   F   6.   Arturo estaba en su habitación cuando lo llamó Raquel.

ACTIVIDADES

Actividad A.   ¿Quiénes son?

Contesta las siguientes preguntas sobre una mujer que aparece en este episodio.

1.   Esta mujer se llama

   a.   _____ Pati.
   b.   _____ Gloria.
   c.   _____ Ofelia.

2.   Vive en... donde trabaja en la Compañía Industrias Castillo Saavedra, como secretaria de Carlos.

   a.   _____ Los Ángeles,
   b.   _____ Miami,
   c.   _____ Nueva York,

3.   Después de hablar con ella, Carlos

   a.   _____ está preocupado.
   b.   _____ está muy contento.
   c.   _____ empieza a llorar.

Para pensar...

Sí, Carlos está muy preocupado después de hablar con Ofelia. ¿Crees que eran buenas o malas las noticias que Ofelia le dio?

Actividad B.   En la excavación y en la capital

Los siguientes párrafos son un resumen de lo que pasó en este episodio. Complétalos con la forma correcta de las palabras y frases de las siguientes listas.

Lugares: la capital, la escuela del pueblo, el hotel, la iglesia del pueblo, Nueva York, Puerto Rico, el sitio de la excavación, la tienda del pueblo

Frases: le dejó un mensaje / una carta, descansar y almorzar, descansar y bañarse, durmió muy bien / muy mal, estaba ocupada la línea, no consiguió línea, hablando con alguien en la capital / Nueva York, llamar, tener noticias de Roberto/Arturo, tenía suficiente aire/comida

Ángela y Raquel pasaron la noche en la excavación. Ángela _____[1] porque el doctor le dio un calmante. Tan pronto como se despertó, Ángela quería _____.[2] Desgraciadamente, no había noticias. Ángela seguía muy preocupada, sobre todo porque pensaba que tal vez Roberto no _____.[3]

En una pequeña _____,[4] Raquel seguía tratando de comunicarse por teléfono con varias personas en la Capital. No pudo hablar con Pedro, porque _____.[5] (Raquel no lo sabía, pero en esa ocasión Pati estaba

_____.[6]) Pero Raquel sí pudo hablar con _____ [7]

en México. Arturo no estaba en su habitación, pero Raquel _____.[8]

(Cuando leyó el mensaje, Arturo estaba muy preocupado.) Por su parte, Ángela pudo

hablar con sus tíos en _____.[9]

Después de hacer estas llamadas telefónicas, Raquel y Ángela fueron a _____

_____,[10] donde las esperaba la Hermana María Teresa. Allí, pudieron _____

_____.[11]

Nota cultural: Aspectos de la vida religiosa

As you have seen in previous video episodes and continued to observe in this one, various aspects of religion and religious life play an important role in Hispanic countries, especially in rural areas. People who belong to religious orders—priests, nuns (sisters), monks (brothers)—are integral parts of the communities in which they live and work.

   Here at the excavation site, for example, **el Padre Rodrigo** is a source of comfort to all who are involved with the accident, whether they are Catholic or not. And **la Hermana María Teresa** unquestioningly offers support to Ángela and Raquel, opening the facilities of the church to them.

   An important service offered by members of religious orders in some countries is education. In rural areas many schools are run by the Catholic Church. Do you remember that Jaime and Miguel Ruiz attended a religious school in Sevilla? Religion was one of the subjects that they both studied.

Intercambio

Paso 1

Utilizando los modelos a continuación, inventa tres oraciones para expresar lo que es importante para ti y lo que no es importante.

MODELOS: Es importante que haya un supermercado cerca de mi casa porque…
          Es poco importante que haya teatro cerca de mi casa porque…

el banco	bank
el centro comercial	shopping center; mall
el cine	movie theater
la escuela	school
la farmacia	pharmacy
el hotel	hotel
el restaurante	restaurant
la tienda	store

_____

_____

_____

Paso 2

Comparte tus ideas con la clase. ¿Qué ideas tienen en común? ¿Qué tendencias hay?

Paso 3

Según los resultados del **Paso 2**, ¿cuál de las siguientes ideas representa mejor lo que tienen en común?

_____ Tenemos más o menos las mismas necesidades. Nos importan las mismas cosas.

_____ No tenemos las mismas necesidades. Nos importan diferentes cosas.

M ás allá del episodio: Ofelia

En Cuba, Ofelia era secretaria del dueño de una empresa[1] de tabaco.

Ofelia, la secretaria de Carlos, habla con la animación típica de los cubanos. Al parecer, es una mujer muy alegre y optimista, y es un gusto tratar con[2] ella, lo cual[3] es una cualidad muy buena en una secretaria. Pero detrás de su sonrisa, hay un pasado triste.

Ofelia nació en La Habana, de una familia de la clase media, y tuvo una buena formación profesional. Al terminar sus estudios, no empezó a trabajar fuera de casa, pues se casó muy joven con un comerciante de la capital. Después de la revolución de Castro, su esposo se opuso abiertamente al régimen de Fidel. Pronto fue arrestado y encarcelado, como muchos otros.

Con su marido en prisión, la joven esposa tuvo que enfrentar[4] una vida muy dura. Económicamente pudo defenderse,[5] ya que por casualidad y por suerte encontró un buen trabajo. Pero políticamente, nunca se sintió segura.[6] En 1980, por fin logró emigrar a los Estados Unidos con su madre en un barco de los llamados «marielitos». Por desgracia, hasta ahora no ha tenido[7] noticias de su esposo.

Al llegar a Miami, Ofelia se integró inmediatamente a la comunidad cubana. Al principio, tuvo dificultades económicas, pues Ofelia no sabía hablar inglés. Por suerte otro emigrado cubano, amigo de la familia de Ofelia y también de Carlos Castillo, pudo ayudarla. Llamó al jefe de la oficina de Castillo Saavedra, S.A., para ver si éste le podía dar trabajo. Le explicó a Carlos que Ofelia no sabía hablar inglés, pero que estaba seguro de que lo aprendería[8] rápidamente. Ella sólo necesitaba tener la seguridad económica de un buen trabajo.

En aquel entonces, Carlos no necesitaba secretaria, pero le propuso al amigo que le daría el trabajo de limpiar las oficinas de la empresa. Ofelia supo ver la oportunidad que Carlos le ofrecía para entrar en el mundo del trabajo en los Estados Unidos. No sólo trabajó muy fuerte sino que[9] empezó a estudiar inglés y avanzó rápidamente en sus estudios. Por su parte, Carlos se dio cuenta en seguida de que la inteligencia de Ofelia se estaba desperdiciando.[10] Al jubilarse[11] su secretaria, Carlos le ofreció a Ofelia ese puesto.

Ofelia piensa que ha tenido mucha suerte y le está muy agradecida[12] a Carlos por su ayuda. Ahora se puede decir que vive una buena vida en Miami. Sale mucho con sus amigas y todavía tiene a su madre con ella, además de algunos otros parientes que pudieron escapar de Cuba.

En general, Ofelia está muy contenta con su vida actual. Pero a pesar de todo eso, Ofelia no puede olvidar a su esposo. ¿Estará vivo? ¿Lo volverá a ver algún día?

---

[1]compañía [2]tratar... _to interact with_ [3]lo... _which_ [4]face [5]get by [6]safe [7]no... _she hasn't had_ [8]she would learn [9]sino... _but also_ [10]se... _was going to waste_ [11]retiring [12]thankful

31

Medidas drásticas

The interactive CD-ROM to accompany *Destinos* contains additional practice with the video story line and will help you improve your skills in Spanish.

BEFORE VIEWING . . .

Preparación

VOCABULARIO	
Los verbos	**Los sustantivos**
pelearse to fight	**la medida** measure, step

Actividad A.

¿Recuerdas lo que hicieron estas personas en el **Episodio 30**? Empareja las oraciones de la segunda columna con las personas correctas. ¡OJO! Puede haber más de una respuesta.

1. _____ Raquel
2. _____ Raquel y Ángela
3. _____ La Hermana María Teresa
4. _____ Pati
5. _____ Carlos

a. se enteró de que había problemas en el teatro en Nueva York.
b. les dio a Ángela y Raquel dónde descansar y bañarse.
c. le dejó un mensaje a Arturo.
d. supo lo que pasa en la oficina en Miami.
e. fueron a una iglesia.
f. trató de comunicarse con Pedro y Arturo.

Para pensar...

1. ¿Qué hará Pati ahora que sabe que hay problemas con la producción de la obra? ¿Se quedará con la familia o volverá a Nueva York?
2. En los episodios previos, se ha sugerido que la familia Castillo tiene problemas. En tu opinión, ¿cuáles son esos problemas?
3. ¿Por qué se puso preocupado Carlos cuando habló con Ofelia, su secretaria?

Actividad B.

Paso 1

Lee parte de una conversación entre Juan y Pati. Es una discusión sobre algo. Después de leer, contesta la pregunta.

PATI: Ay, Juan, ¿cuántas veces tengo que decírtelo? Yo tengo una vida profesional, con compromisos... Hay cosas que requieren mi atención.
JUAN: Sí, sí. Ya me lo has dicho mil veces.
PATI: Sí, sí, pero parece que no lo comprendes.
JUAN: Lo que no comprendo es que tu vida profesional sea más importante que yo...
PATI: Mira, Juan. Voy a tratar de explicártelo una vez más. No es que mi vida profesional sea más importante que tú... pero la obra me necesita a mí en este momento. Yo soy la autora, soy la directora. Hay problemas y sólo puedo resolverlos yo.
JUAN: ¿Pero por qué tienes que ir a Nueva York? ¿No lo puedes hacer desde aquí, por teléfono?
PATI: ¡Juan! ¡Estamos hablando de una obra de teatro! Lo que tú dices es como... como... pedirle a un doctor que cure a un enfermo por teléfono.

¿Cuál es el tema de la discusión entre Juan y Pati?

a. _____ el estado grave de la salud de don Fernando
b. _____ los problemas que tiene Pati en el teatro
c. _____ el hecho de que Pati cree que Juan no comprende su situación como mujer profesional

Paso 2

Ahora lee toda la conversación de nuevo. Luego contesta las preguntas.

1. ¿Qué quiere Juan que haga Pati?

    a. _____ Que vaya a Nueva York.
    b. _____ Que se quede con él.

2. ¿Qué parece que va a hacer Pati?

    a. _____ Se va a quedar con Juan.
    b. _____ Va a regresar a Nueva York.

. . . AFTER VIEWING

¿Tienes buena memoria?

¿QUÉ RECUERDAS?

Actividad A. Preguntas

Contesta brevemente estas preguntas sobre el **Episodio 31**.

1. ¿Por qué se pelearon Juan y Pati? _____

2. ¿Cuál es el problema que tiene Juan con respecto al trabajo de su esposa? _____
   _____

3. ¿Cuáles son las recomendaciones de los auditores que vienen a La Gavia? _____
   _____

4. ¿Con quién habla por teléfono Pedro? _____

5. ¿Qué noticias le da a Pedro esa persona? _____

6. ¿Qué quiere hacer don Fernando antes de morirse? _____

Actividad B. ¡Busca el intruso!

Para cada grupo de lugares o acciones, subraya el que no les corresponde a los otros.

1. California, Texas, Arizona, Virginia
2. resolver, impedir, solucionar, terminar
3. autorizar, permitir, prohibir, dar permiso
4. la confitería, la pescadería, la pastelería, la librería

Actividad C. ¿Cierto o Falso?

Indica si las siguientes afirmaciones son ciertas (**C**) o falsas (**F**).

C F 1. Juan está de acuerdo con Pati en que es mejor que ella vuelva a Nueva York.

C F 2. Para Pati, su esposo es menos importante que su trabajo.

C F 3. Pati dice que no es responsable de la curación de su suegro.

C F 4. Los auditores recomiendan que Ramón y Pedro vendan la hacienda.
C F 5. Los auditores también recomiendan que los Castillo concentren sus esfuerzos en la exportación de petróleo.
C F 6. Don Fernando no tiene ganas de regresar a La Gavia.

ACTIVIDADES

Actividad A. En la excavación

¿Son ciertas (**C**) o falsas (**F**) las siguientes declaraciones sobre lo que pasó en la excavación en este episodio?

C F 1. Raquel y Ángela no saben nada de Roberto todavía.
C F 2. Ángela no se siente mejor después de descansar en la iglesia.
C F 3. La actitud de Ángela es pesimista en cuanto al rescate de Roberto.

Para pensar...

Al final del episodio algo tuvo lugar en los Estados Unidos. ¿Recuerdas lo que pasó? Una persona llamó a los padres de Raquel. ¿Recuerdas quién era esa persona? La madre de Raquel dijo que era «el novio de mi hija».

1. ¿Ha hablado Raquel alguna vez de un novio, del pasado o del presente?
2. ¿Qué efecto es posible que esta persona tenga en las relaciones que están formando entre Raquel y Arturo?

Actividad B. En la capital

Contesta las siguientes preguntas sobre lo que está pasando en la familia Castillo en la Ciudad de México.

1. ¿Sabe Pedro lo del accidente?
2. ¿Quiénes se pelearon?
3. ¿Quiénes hablaron con unos auditores?
4. ¿Eran mínimas o drásticas las recomendaciones de los auditores?

Nota cultural: La educación bilingüe

The spelling errors made by Juanita are natural for her age and are also typical of anyone—native or nonnative—who is learning how to write in Spanish. Compared with English, the number of sound or written symbol pairs that cause learners difficulty in Spanish is quite minimal. Spanish-speaking children, like speakers of English, also pass through periods in which they have difficulty using irregular forms consistently, if at all, and it is not unusual to hear Hispanic children say **yo sabo** instead of **yo sé**. Children, like older learners, soon learn the correct forms.

In Miami, Juanita attends a bilingual school in which she receives instruction in both English and Spanish. The concept of bilingual education is currently being debated in the United States. It may be years before the debate is resolved, if ever.

Intercambio

Paso 1

Muchos negocios pequeños o familiares están desapareciendo (*disappearing*) o son difíciles de encontrar. Completa las ideas a continuación con palabras de la siguiente lista de lugares o los nombres de otros negocios.

Vocabulario Útil

Note: The names of many small shops in Spanish end in **-ería**. The first part of these words normally indicates the products or services offered at that shop.

la carnicería	butcher shop	**la frutería**	fruit store
la confitería	confectionery, candy shop	**la panadería**	bakery
la droguería	drugstore	**la papelería**	stationery store
la farmacia	pharmacy	**la pastelería**	pastry shop
la ferretería	hardware store	**la pescadería**	fish market

---

1. Muchos comercios pequeños desaparecerán en el futuro. Uno que seguramente no existirá por muchos años más es _____.

2. También _____.

3. En cambio, nunca desaparecerá(n) _____.

Paso 2

Comparte tus ideas con otras tres personas. ¿Han pensado en las mismas ideas?

Paso 3

Presenta tus ideas a la clase. ¿Hay tendencias? ¿Qué tipos de negocios desaparecerán primero? ¿Adónde vamos (o iremos) para obtener los servicios de ese negocio?

MODELO: Cuando ya no existan más _____, iremos a _____.

Más allá del episodio: Lupe

Lupe es uno de los empleados más fieles que tiene la familia Castillo. Nació en una familia de campesinos,[1] de origen indígena y muy pobre. Su padre dejó a la familia, siendo ella muy joven y, por la pobreza de la familia, no pudo asistir a la escuela. Como consecuencia, ahora apenas sabe leer y escribir. Pero como mucha gente del campo, Lupe tiene mucho sentido común y una manera muy realista de ver el mundo.

Lupe es más que una empleada; es un miembro de la familia Castillo.

[1]*peasants*

Estrella, la madre de Lupe, trabajó para los Castillo durante varios años. Cuando llegó a la casa de los Castillo, había dejado en el campo a sus otros hijos. Vino acompañada solamente de Lupe, su hija. Lupe solía venir a ayudar a su madre en la hacienda de vez en cuando.

Cuando Estrella murió, Lupe tenía quince años y de repente se encontró muy sola, desamparada.[2] No quería volver a su pueblo natal. El amo de casa de don Fernando le ofreció la oportunidad de reemplazar a su madre, Estrella, en la casa. Desde aquel entonces, Lupe le quedó muy agradecida.

Lupe les dedicaba mucho tiempo a los hijos de don Fernando. En aquella época don Fernando y su segunda esposa Carmen llevaban una vida social muy activa. Lupe se ocupaba de los niños con mucho cariño. Su preferido era Juan, el menor. Se puede decir que fue y —hasta cierto punto— sigue siendo como una segunda madre para él.

Años más tarde, después de la muerte de doña Carmen, todos los miembros de la familia empezaron a hablar con Lupe de los problemas de su vida. Le pedían consejos cuando no sabían qué hacer; a veces sencillamente querían oír su opinión.

[2] *defenseless*

32

Ha habido un accidente

The interactive CD-ROM to accompany *Destinos* contains additional practice with the video story line and will help you improve your skills in Spanish.

BEFORE VIEWING . . .

Preparación

VOCABULARIO	
Los verbos	**Los adjetivos**
estorbar to be in the way	**antiguo/a** former*
	guerrero/a warlike

Note: **Antiguo** has this meaning when it precedes a noun (**el antiguo novio**). It means *old* or *elderly* when it follows the noun (**una ciudad antigua**).

Actividad A.

Contesta las siguientes preguntas sobre lo que pasó en el episodio previo.

1. ¿Por qué se pelearon Pati y Juan?

    a. _____ Porque ella tiene que volver a Nueva York por su trabajo.
    b. _____ Porque él quiere regresar a Nueva York con ella.

2. ¿Qué descubrieron Pedro y Ramón?

    a. _____ Que la familia tiene graves problemas económicos.
    b. _____ Que el gobierno mexicano investiga las finanzas de la familia.

3. ¿Se enteraron de algo Ángela y Raquel?

    a. _____ Sí. Encontraron a Roberto, muerto.
    b. _____ No. En la excavación no hubo noticias.

Actividad B.

En el episodio previo apareció un nuevo personaje. ¿Recuerdas algo de él? Contesta estas preguntas.

1. ¿Cómo se llama este señor? _____

2. ¿Dónde vive ahora? _____

3. ¿Qué clase de relaciones había entre él y Raquel? _____

Para pensar...

Ya sabes que Luis es el antiguo novio de Raquel. También sabes que ha vuelto a Los Ángeles. ¿Crees que todavía siente algo por Raquel? Y Raquel, ¿siente ella algo por él?

. . . AFTER VIEWING

¿Tienes buena memoria?

¿QUÉ RECUERDAS?

Actividad A.   Preguntas

Contesta brevemente las siguientes preguntas sobre el **Episodio 32**.

1. ¿Qué les dice Pedro a sus sobrinos en el hospital? _____

2. ¿Quién es Luis? _____

3. ¿Qué hace Luis ahora? _____

4. ¿Por qué sugiere María que Luis visite México? _____

5. ¿Por qué es necesario esconderle la verdad a don Fernando? _____

6. ¿Cuáles son los problemas que tiene la familia Castillo? _____

    _____

Actividad B.   ¡Busca el intruso!

Para cada grupo de nombres, lugares u otras palabras, subraya el que no les corresponde a los otros.

1. feliz, pensativo, preocupado, melancólico
2. el templo, la pirámide, la iglesia, el desierto
3. Cristóbal Colón, Moctezuma, Tenochtitlán, Hernán Cortés
4. Luis, Pancho, Héctor, María

Actividad C.   ¿Cierto o falso?

Indica si las siguientes afirmaciones son ciertas (**C**) o falsas (**F**).

C   F   1. Roberto sigue atrapado en el túnel.
C   F   2. Pedro les dijo a todos que vio las noticias del accidente en la televisión.
C   F   3. El ex novio de Raquel acaba de mudarse a Los Ángeles.
C   F   4. Parece que los padres de Raquel van a ir a México para visitar a su hija.
C   F   5. Ramón le dijo a don Fernando que los negocios andaban mal.

ACTIVIDADES

Actividad A.   ¿Qué pasó?

Indica si las oraciones describen (**Sí**) o no (**No**) lo que pasó en cada sitio. ¿Puedes hacer un comentario sobre cada oración incorrecta?

En el sitio de la excavación...

Sí   No   1. Ángela y Raquel seguían esperando.
Sí   No   2. No hubo mucha actividad.
Sí   No   3. Por fin pudieron rescatar a Roberto.
Sí   No   4. Hubo otro derrumbe.
Sí   No   5. Roberto murió en el derrumbe.

En la capital...

Sí   No   6. Por fin los hermanos supieron lo del accidente.
Sí   No   7. Don Fernando se enteró del accidente también.
Sí   No   8. Ramón y Consuelo también tienen problemas.
Sí   No   9. Arturo le contó a Pedro todo lo que sabía.

En Los Ángeles...

Sí   No 10. Luis visitó a los padres de Raquel.
Sí   No 11. Luis les dijo que ellos debían ir a ver a Raquel a México.
Sí   No 12. El padre de Raquel no estaba muy convencido en cuanto al viaje.

Para pensar...

María, la madre de Raquel, le ha sugerido a Luis que vaya a México. Así podrá ver a Raquel otra vez. ¿Crees que es buena idea que Luis vaya a México? ¿Qué revelan las acciones de María acerca de su personalidad?

Actividad B.   ¿Quién sabe qué?

¿Tienes una idea muy clara de lo que sabe la mayoría de los personajes? Indica el verbo correcto para cada frase. ¡OJO! Hay información de algunos episodios previos.

1. Raquel sabe / no sabe

    a. que Arturo llegó a México.
    b. nada sobre el estado de don Fernando.
    c. que sus padres hablaron con su antiguo novio.

2. Arturo sabe / no sabe

    a. lo del accidente en la excavación.
    b. nada de Raquel.
    c. que Raquel tuvo un novio en otra época.

3. Don Fernando sabe / no sabe

    a. que tiene dos nietos puertorriqueños.
    b. lo del accidente en la excavación.
    c. que hay problemas financieros en la Compañía Industrias Castillo Saavedra.

4. La madre de Raquel sabe / no sabe

    a. lo del accidente en la excavación.
    b. mucho de las relaciones entre Arturo y Raquel.
    c. la historia de los nietos puertorriqueños de don Fernando.

Nota cultural: El español en los episodios en México

On network TV in the United States, one does not hear a strong regional accent, by and large, unless it is required by the role an actor is playing. Otherwise, the English spoken on prime time is a standard Midwestern form of English that most people who wish to work in the industry learn to speak, regardless of their city—or accent—of origin.

In the same way, the Spanish of many of the major Mexican characters in *Destinos* is not totally characteristic of Mexican Spanish. Most Mexican actors who work in movies, the theater, and in television are trained to speak a relatively accent-free variety of Spanish. In real life, the Spanish spoken in Mexico, like the English of the United States, has many varieties, according to the geographical area, ethnic background, and social class of the speaker.

Of the major Mexican characters, Lupe and Carlos in particular have pronounced accents, along with a number of actors who have small roles or make one-time appearances.

Something that is characteristic of Mexican and Mexican-American Spanish is the more frequent use of **Ud.** forms between adults (as compared to the more generalized use of **tú** found in some other countries). In this video episode, Luis addresses Raquel's mother as **Ud.** (even though he used to be her daughter's boyfriend!).

Intercambio

Paso 1

En grupos de tres, escriban por lo menos tres oraciones que podrán utilizarse en una campaña para atraer a turistas de habla española a los Estados Unidos.

> MODELO: ¡Vengan a visitar las montañas de Colorado! ¡Naden en las aguas del Golfo de México!

Paso 2

Cada grupo debe presentar sus ideas a la clase. Después, el grupo debe revisar sus ideas. ¿Hay otras en la clase que les han gustado?

Paso 3

Fuera de clase, cada grupo debe preparar un cartel (*poster*) turístico con fotos de revistas y las oraciones que escribieron. Luego, todos deben exhibir sus carteles en la clase.

ás allá del episodio: Roberto Castillo Soto

Roberto Castillo, uno de los nietos que don Fernando espera conocer pronto

No es raro que en una misma familia dos hermanos, hijos de los mismos padres, sean muy distintos, que tengan personalidades, gustos e intereses diferentes. Esto es lo que pasa con Ángela y Roberto. Aunque son hermanos, no se parecen[1] mucho. Efectivamente, son muy distintos en muchas cosas.

Roberto se parece mucho a su padre, Ángel Castillo. Ya de pequeño era muy independiente y un poco soñador.[2] Le gustaba jugar solo y pasaba horas y horas leyendo. Cuando cumplió diez años, doña Carmen, su abuela, le regaló un libro sobre la civilización maya. Era un libro muy bonito con muchos mapas y unas fotos impresionantes. Roberto lo leyó en seguida. Luego pasaba mucho tiempo mirando las hermosas fotos. Así nació su interés en las civilizaciones indígenas.

Al matricularse[3] en la universidad, Roberto ya había decidido especializarse en arqueología. Quería llegar a ser arqueólogo. Sin embargo, al mismo tiempo que tenía esa meta,[4] Roberto tenía ganas de conocer el mundo. Aunque le gustaba mucho su isla natal, el ambiente de Puerto Rico empezaba a parecerle muy limitado... estrecho. Él quería descubrir nuevos horizontes. Cuando le hablaba a Ángel de eso, su padre siempre le decía que era mejor que terminara sus estudios universitarios antes que nada. Pero en el fondo Ángel estaba orgulloso[5] de ver que su hijo se parecía tanto a él.

La muerte inesperada de Ángel fue un golpe muy duro[6] para Ángela y Roberto. Dio la casualidad que, pocos días después de esa tragedia familiar, Roberto recibió una llamada de uno de sus profesores. Éste buscaba a estudiantes de arqueología para trabajar en una excavación en México. Al principio Roberto no creyó apropiado alejarse[7] de la familia, dadas las circunstancias. Pero el profesor insistió. Roberto era uno de sus mejores estudiantes y, claro, oportunidades como ésta no eran frecuentes. Le dijo al joven que tenía sólo dos semanas para decidirse. Esa misma noche Roberto tomó su decisión.

Lo más difícil fue comunicárselo a la familia, y sobre todo a su hermana. Ángela lo tomó muy mal. Para ella fue como si Roberto la hubiera abandonado.[8] Se sintió desamparada, con todos los asuntos familiares en las manos.

Es obvio que Roberto sintió la necesidad de alejarse de Puerto Rico muy pronto después de la muerte de su padre. ¿Qué esperaba encontrar en México?

[1]se... *resemble each other* [2]un... *a bit of a dreamer* [3]*registering* [4]*goal* [5]*proud* [6]un... *a very hard blow* [7]*to go away* [8]como... *as if Roberto had abandoned her*

Si supieras...

The interactive CD-ROM to accompany *Destinos* contains additional practice with the video story line and will help you improve your skills in Spanish.

BEFORE VIEWING . . .

Preparación

VOCABULARIO

Los adjetivos
inconsciente unconscious
peligroso/a dangerous

Las palabras adicionales
sí mismo/a oneself

Actividad A.

¿Recuerdas los acontecimientos más importantes del episodio previo? Completa las oraciones con la información correcta.

1. En el sitio de la excavación, Raquel y Ángela

    a. _____ decidieron regresar al pueblo.
    b. _____ seguían esperando el rescate de Roberto.

2. En la capital, Arturo por fin conoció a

a. _____ Ramón.   b. _____ Pedro.   c. _____ Carlos.

3. Arturo le contó algunos detalles de la búsqueda de

a. _____ Roberto.   b. _____ Ángel.   c. _____ Rosario.

4. En Los Ángeles, los padres de Raquel recibieron la visita de

a. _____ un antiguo profesor de Raquel.
b. _____ un antiguo novio de Raquel.
c. _____ un colega de Raquel.

5. La madre de Raquel le sugirió a Luis, el antiguo novio de su hija, que sería buena idea

a. _____ esperar en Los Ángeles para ver a Raquel.
b. _____ ir a México para verla.
c. _____ volver a Nueva York sin verla.

Para pensar...

1. Como sabes, Raquel no sabe nada de lo que está pasando en Los Ángeles. ¿Crees que Luis irá a México para verla? ¿Qué pasará cuando Raquel lo vea después de tantos años? ¿Qué pasará si Luis y Arturo se conocen?
2. Al comienzo de este episodio, todavía no han rescatado a Roberto. En tu opinión, ¿en qué condiciones está él, después del segundo derrumbe?

Actividad B.

Paso 1

Lee parte de una conversación entre Juan y Pati. Otra vez, discuten sobre algo. Luego, contesta la pregunta.

JUAN: Pati, ya te lo dije. ¡No puedes irte justo ahora!
PATI: ¡No me grites así, Juan! Ya traté de explicarte los problemas de la producción en Nueva York. No entiendo por qué actúas como un niño mimado.
JUAN: ¿Cómo puedes hacerme esto?
PATI: ¿Ves? Todo te lo hacen a ti. Tus problemas son los más graves. A veces dudo que a ti te importen los demás.
JUAN: Me importa mi papá.
PATI: ¿Sí? Entonces, ¿por qué no estás más tiempo con él en el hospital? Te lo pasas aquí peleándote conmigo cuando él te necesita.

¿Cuál es el tema principal de la discusión entre Juan y Pati?

a. _____ el estado grave de la salud de don Fernando
b. _____ el hecho de que Pati cree que Juan es muy egoísta
c. _____ los problemas que tiene Pati en el teatro

Paso 2

Ahora lee toda la conversación de nuevo. Luego indica si las siguientes oraciones son ciertas (**C**) o falsas (**F**).

C F 1. Juan todavía no quiere que Pati se vaya a Nueva York.
C F 2. Pati se niega a explicarle a Juan los detalles de los problemas que tiene con la producción de la obra.
C F 3. Pati insinúa que Juan debe pasar más tiempo en el hospital con su padre.

En esta conversación, Pati acusa a Juan de ser un «niño mimado», porque sólo piensa en sí mismo.

4.   ¿Qué significa **mimado**?

   a. _____ memorable   b. _____ copy-cat   c. _____ spoiled

Para pensar...

Ya sabes que en este episodio Juan y Pati tendrán una gran discusión. ¿Cuál será el resultado de esa discusión? ¿Se irá Pati o se quedará? En tu opinión, ¿quién tiene razón, Juan o Pati? ¿A quién crees que va a apoyar la familia de Juan en esta discusión?

. . . AFTER VIEWING

¿Tienes buena memoria?

¿QUÉ RECUERDAS?

Actividad A.   Preguntas
Contesta brevemente estas preguntas sobre el **Episodio 33**.

1.   ¿Qué pasa en el sitio de la excavación? _____

2.   ¿Cuáles son tres de las profesiones representadas por la familia Castillo? _____

   _____

3.   ¿Cómo empezó a estudiar Roberto las civilizaciones indígenas? _____

4.   De niña, ¿qué profesión pensaba seguir Raquel? _____

5.   Y Ángela, ¿qué pensaba ser? _____

6.   ¿En qué estado de salud se encuentra Roberto? _____

Actividad B.   ¡Busca el intruso!
Para cada grupo de lugares, nombres u otras palabras, subraya el que no les corresponde a los otros.

1.   el veterinario, el maya, el hombre de negocios, el profesor
2.   Yucatán, Chiapas, San Germán, Campeche
3.   los eclipses, las matemáticas, el calendario, los jardines flotantes
4.   Uxmal, Chichén Itzá, Mérida, Tenochtitlán

Actividad C.   ¿Cierto o falso?
Indica si las siguientes afirmaciones son ciertas (**C**) o falsas (**F**).

C   F   1.   Juan se alegra de que Pati vuelva a Nueva York.
C   F   2.   Consuelo estudió para ser mujer de negocios.
C   F   3.   Cuando encontraron a Roberto, estaba inconsciente pero, aparentemente, no se había hecho daño (*hadn't hurt himself*).

C   F   4.   Maricarmen dice que quiere ser médica para cuidar a su abuelo.
C   F   5.   Arturo quiere llamar al hospital para averiguar si saben algo de Roberto.

ACTIVIDADES

Actividad A.   En la excavación
Por fin hay buenas noticias en el sitio de la excavación. Completa las siguientes oraciones con la información correcta.

1.   Al principio, Ángela y Raquel... podían ver lo que pasaba muy bien / no sabían nada y tampoco podían ver bien lo que pasaba.
2.   Mientras esperaban, las dos mujeres empezaron a hablar de... las profesiones / la civilización maya.
3.   Ángela dijo que pensaba que Roberto tenía una profesión... fascinante/peligrosa.
4.   Raquel dijo que, de niña, pensaba en ser... abogada y médica / veterinaria y profesora.
5.   Ángela pensaba en ser... profesora y actriz / abogada y dentista.

Actividad B.   ¿Y Roberto?
¿Qué le pasó en este episodio? ¿Qué es lo que ahora se sabe de su condición? Contesta las siguientes preguntas.

1.   ¿Pueden por fin rescatar a Roberto?_____

2.   ¿Está consciente o inconsciente?_____

3.   ¿Parece estar bien o está muy lastimado? _____

4.   ¿Lo van a tratar en el sitio de la excavación? ¿O piensan llevarlo a otro sitio? _____

_____

Actividad C.   En la capital
Completa el siguiente resumen de lo que pasaba en la Ciudad de México con los nombres de los personajes apropiados: Arturo, Pedro, Juan, Pati.

Mientras Raquel y Ángela esperaban en el sitio de la excavación, _____¹

hablaba con Pedro sobre el accidente y otras preocupaciones. Al mismo tiempo, en la casa de

Ramón, _____² y _____³ seguían con su conflic-

to. _____⁴ quería regresar a Nueva York, pero para _____⁵

la familia es más importante que la profesión.

Nota cultural: Los nombres de las profesiones

In the Spanish-speaking world there is some variation in the words that should be used to refer to women who hold certain professions. The following patterns are generally followed:

- The feminine article is used with nouns that end in **-ista: el dentista → la dentista**.
- The feminine form of a noun is used:* **el pintor → la pintora**.
- The masculine and feminine articles are used with the same noun: **el/la médico**.
- The word **mujer** is used: **el hombre de negocios → la mujer de negocios**.

  Some forms, especially **la pilota**, are not accepted by all Spanish speakers. If you want to be sure to use the correct word to describe a person's profession, listen to the form he or she uses and follow that example.

---

*The feminine form is usually avoided when it coincides with a word with the same form but a different meaning: **el músico → la músico** (not **la música** = music).

Intercambio

Paso 1

La clase se va a dividir en seis grupos. A cada grupo se le va a asignar uno de los siguientes temas.

la personalidad	las destrezas y habilidades
la interacción con otras personas	los miedos
las cuestiones económicas	los intereses y pasatiempos

Paso 2

Cada grupo debe preparar por lo menos cinco preguntas que se podrían hacer a una persona. La idea es poder entender bien a la persona en cuanto a cada tema. Por ejemplo, **¿Cómo es su personalidad? ¿Qué adjetivos le describen? ¿Cómo se lleva con otras personas?** Las preguntas no deberían ser directas sino indirectas, por ejemplo, no se le debe preguntar **¿Eres paciente?** ni **¿Te irritas fácilmente?**, sino **¿Cuál de las siguientes situaciones te enfada más?**

Paso 3

Cuando terminen con las preguntas, deben compartirlas con la clase. Hagan revisiones según lo que dicen los compañeros.

Paso 4

Ahora, cada grupo debe hacerle las preguntas al profesor / a la profesora. Deben crear una descripción de su personalidad.

Paso 5

Luego, utilizando la información obtenida, miren la siguiente lista de profesiones y oficios. ¿Qué profesiones serían apropiadas para su profesor(a)? ¿Cuáles no?

Profesiones y oficios

el actor / la actriz	actor/actress
el ama de casa	homemaker
el arquitecto / la arquitecta	architect
el/la artista	artist
la azafata	flight attendant (*f.*)
el camarero / la camarera	waiter/waitress; flight attendant
el carpintero / la carpintera	carpenter
el/la dentista	dentist
el/la electricista	electrician
el hermano / la hermana	brother/sister (*of a religious order*)
el hombre / la mujer de negocios	businessman/woman
el ingeniero / la ingeniera	engineer
el/la músico	musician
el piloto / la pilota	pilot
el/la plomero	plumber
el programador / la programadora de computadoras	computer programmer
el/la psiquiatra	psychiatrist
el sacerdote	priest
el secretario / la secretaria	secretary
el veterinario / la veterinaria	veterinarian

Más allá del episodio:
Más sobre Raquel

De niña, Raquel pensaba en ser veterinaria.

«**S**i supieras las carreras y profesiones en las que pensé yo.» Eso es lo que Raquel le dice a Ángela cuando las dos empiezan a hablar de sus decisiones con respecto a su profesión. Muchas personas podrían decir lo mismo. De niños, es natural que pensemos en muchas profesiones, y a veces el concepto que tenemos de esas profesiones no es muy realista. Luego, cuando somos mayores, nos decidimos por una profesión basados más bien en nuestras habilidades e inclinaciones y en el conocimiento que tenemos sobre lo que realmente hace una persona que ejerce esa profesión.

Cuando era niña, Raquel quería ser profesora de historia y también veterinaria. ¿Por qué pensaba en ser profesora de historia? La razón es muy sencilla. Le gustaba mucho su maestra de historia del séptimo grado. Quería ser como la señorita McConnell. Ya que[1] la señorita McConnell enseñaba historia, esta profesión le parecía a Raquel que era la más indicada para ella. No era una razón lógica, pero es una manera de pensar muy típica de los niños.

Y el deseo de ser veterinaria, ¿de dónde surgió? Es que a Raquel siempre le gustaron los animales. Se veía en una pequeña clínica, rodeada de[2] perros y gatos... ayudando a los niños del barrio con sus animales.

Pero a su madre eso de los animales no le gustaba mucho. «Veterinaria... Ésa no es profesión para una mujer», le repetía su madre constantemente. Tampoco le entusiasmaba que fuera profesora. «Estudia para abogada o médico. Ésas son profesiones buenas. Si te haces abogado o médico, tendrás un futuro seguro. No tendrás nunca preocupaciones por el dinero.»

A Raquel no le gustaba nada que su madre se metiera en su vida y tratara de imponer sus ideas. Pero la mayoría de las veces prefería no contestarle, para no pelear.

Raquel siempre ha sido una persona paciente y tranquila. No hace nada precipitadamente y no le gusta correr riesgos. Necesita estar segura de lo que está haciendo antes de actuar. Cuando por fin decidió estudiar para abogada, no lo hizo por darle gusto a su madre. Tomó esa decisión porque lo pensó bien, porque había pensado en sus habilidades y en lo que quería hacer de su vida. Necesitaba encontrar una profesión en que pudiera ayudar a los demás y que también fuera interesante desde el punto de vista intelectual. A Raquel le fascinaba investigar los hechos, buscar la verdad, desenredar[3] situaciones... Además, tenía ese don de gentes,[4] esa manera tan suave de tratar a la gente y de hacerla sentirse cómoda... En fin, Raquel era ideal para abogada.

Y la madre de Raquel, ¿cómo vio la decisión de su hija de ser abogada? ¿La vio como un gesto de obediencia de Raquel?

[1]Ya... *Since* [2]rodeada... *surrounded by* [3]*to unravel* [4]don... *way with people*

34

Éxito

The interactive CD-ROM to accompany *Destinos* contains additional practice with the video story line and will help you improve your skills in Spanish.

Preparación

VOCABULARIO

Los verbos		Los sustantivos		Los adjetivos	
aguantar	to put up with, endure, tolerate	el cariño	affection	egocéntrico/a	egocentric
averiguar	to find out	el éxito	success	perspicaz (*pl.* perspicaces)	clever
presentir (ie, i)	to have a presentiment of				

Actividad A.

Completa las siguientes oraciones con las frases apropiadas.

1. Después de mucho trabajo en el sitio de la excavación,

    a. _____ no pudieron rescatar a Roberto.
    b. _____ finalmente rescataron a Roberto.

2. En casa de Pedro, Juan y Pati

    a. _____ seguían discutiendo.
    b. _____ se reconciliaron.

3. Juan quiere que Pati

    a. _____ regrese a Nueva York.
    b. _____ se quede en México con él.

4. Pedro y Arturo decidieron tratar de averiguar

    a. _____ lo que pasó en el sitio de la excavación.
    b. _____ dónde estaban Raquel y Ángela.

Actividad B.

Paso 1

Lee parte de una conversación entre Juan y Ramón. Después de leerla, contesta la pregunta.

JUAN: Presiento que es el fin, que todo ha terminado. No nos entendemos. Nuestro matrimonio es un fracaso. Yo la quiero mucho, Ramón, pero así no podemos seguir.

RAMÓN: Juan, estás exagerando, ¿no crees? Lo único que ocurre es que Pati quiere atender su trabajo.

JUAN: Precisamente por eso. Creo que a Pati le importa más su trabajo que yo.

RAMÓN: Juan, quisiera decirte algo...

JUAN: ¿Qué es?

RAMÓN: ¿Acaso no es posible que...

JUAN: Dilo, Ramón, ¿que qué? Somos hermanos.

RAMÓN: Bueno, yo en tu lugar me sentiría celoso.

JUAN: ¿Celoso? ¿De quién?

RAMÓN: No es de quién... sino de qué. Mejor debo decir tendría envidia.

JUAN: Yo sé que Pati es muy inteligente... que tiene mucho talento. Es escritora, productora y directora y también profesora de teatro. Ramón, ¿crees que tengo envidia del éxito de mi esposa?

¿Cuál es el tema principal de la conversación entre Juan y Ramón?

a. _____ las relaciones que existen entre los hermanos Juan y Ramón, hijos de don Fernando
b. _____ las relaciones que hay entre Juan y Pati
c. _____ los problemas que tiene Pati en el teatro

Paso 2

Ahora lee la conversación de nuevo. Recuerda el significado de la palabra **éxito**, el título de este episodio, y ten en cuenta que **celoso** significa *jealous*. Indica si las siguientes oraciones son ciertas (**C**) o falsas (**F**), según la conversación.

C F 1. Ramón está de acuerdo con Juan.
C F 2. Ramón insinúa que Juan tiene envidia del éxito de Pati.
C F 3. Juan no lo quiere escuchar. Se niega a pensar en lo que le dice Ramón.
C F 4. Juan se pone a pensar en lo que insinúa Ramón.
C F 5. Juan dice que su matrimonio es «un fracaso».

Ahora contesta la pregunta.

¿Qué significa **fracaso**?

a. fricassee   b. fragile   c. failure

Para pensar...

Como sabes, la palabra **envidia** quiere decir *envy*. ¿Crees tú que Juan le tiene envidia a Pati? ¿Es egocéntrico Juan? ¿O es Pati la egocéntrica? ¿Son las relaciones entre Juan y Pati similares a las de alguna pareja que tú conoces?

. . . AFTER VIEWING

¿  ienes buena memoria?

¿QUÉ RECUERDAS?

Actividad A. Preguntas
Contesta brevemente las siguientes preguntas sobre el **Episodio 34**.

1. ¿Por qué hay problemas entre Juan y Pati? _____

2. ¿Cómo conoció Ángela a Jorge? _____

3. ¿Cuáles son las esperanzas de Ángela para el futuro? _____

4. ¿Por qué Raquel rompió sus relaciones con Luis? _____

5. ¿Por qué se sintió mal Raquel después de romper con Luis? _____

6. ¿Por qué se preocupa Raquel por sus relaciones con Arturo? _____

Actividad B. ¡Busca el intruso!
Para cada grupo de palabras, subraya el que no les corresponde a los otros.

1. envidioso, amable, celoso, egocéntrico
2. el cariño, el amor, la admiración, el odio
3. el trabajo, el recreo, la profesión, los negocios
4. la amistad, el noviazgo, la separación, el matrimonio

Actividad C. ¿Cierto o falso?
Indica si las siguientes afirmaciones son ciertas (**C**) o falsas (**F**).

C F 1. Mercedes está de acuerdo con Juan en que Pati no debe regresar a Nueva York.

C F 2. Juan le dice a su hermano que su propio matrimonio (el de Juan) ha fracasado.

C F 3. Raquel no se fue con Luis a Nueva York porque ella todavía estaba estudiando derecho.

C F 4. Luis pensó quedarse un año más en Los Ángeles para esperar a Raquel.

C F 5. Raquel no cree que sea posible tener relaciones de larga distancia con Arturo.

ACTIVIDADES

Actividad A.   En la capital

Indica si los siguientes incidentes ocurrieron (**Sí**) o no (**No**) en el **Episodio 34**.

Sí   No   1.   Después de su pelea con Juan, Pati salió corriendo al jardín.
Sí   No   2.   El consejo de Mercedes es que Pati debe quedarse en México con Juan.
Sí   No   3.   Mercedes recordó con afecto el día de la boda de Pati y Juan.
Sí   No   4.   Ramón le habló a Juan de una forma brutal sobre los problemas de su matrimonio.
Sí   No   5.   Ramón le dice a Juan que es posible que él, Juan, tenga envidia de Pati.
Sí   No   6.   Juan también le habló a Pedro, su tío, sobre los problemas que tiene en su matrimonio.

Actividad B.   Camino al Distrito Federal

Paso 1

Otra vez Raquel y Ángela se encontraron viajando juntas en un carro. Como ocurrió antes, pasaron el tiempo hablando de sus relaciones con varias personas. Indica todas las relaciones que mencionaron.

Las relaciones entre...

1.   _____ Raquel y sus padres
2.   _____ Raquel y su antiguo novio
3.   _____ Raquel y Arturo
4.   _____ Raquel y Jorge (el novio de Ángela)
5.   _____ Ángela y Roberto
6.   _____ Ángela y Jorge
7.   _____ Ángela y sus tíos

Paso 2

Ahora describe lo que recuerdas de estas relaciones, haciendo oraciones con una palabra o frase de cada columna. Añade todos los detalles que puedas.

Ángela		admira a	Arturo
Raquel	(no)	es amigo/a de	Roberto
Jorge		es novio/a de	Jorge
Arturo		era novio/a de	Raquel
		quiere a	Ángela
		quiere casarse con	Luis
		recuerda a _____ con cariño	
		se separó de	
		trató de ligar con	

Para pensar...

Al final del episodio, un camión se acercaba rápidamente al coche que manejaba Raquel. ¿Qué crees que va a pasar? ¿Va a haber otro accidente, un choque?

Nota cultural: Notas de interés lingüístico

Here are some notes of interest about some of the usages you have heard in this video episode.

• Did you notice the momentary difficulty that Arturo had in getting the desk clerk to pass him the newspaper? Arturo used the word **diario**, commonly used in Argentina to mean *newspaper*; the word **periódico** is more frequently used in other parts of the Spanish-speaking world. The two men do not focus at all on the brief misunderstanding; it is a normal incident in communication between speakers of a language that is used around the world.

• At the end of the flashback to Juan and Pati's wedding ceremony, the priest told the congregation: **Idos en paz**. (*Go in peace.*) The specific verb form used is a **vosotros** command (**ir → id**; **irse → idos**). As you know, **vosotros** forms are not generally used in Mexico. However, they survive in inscriptions on buildings, in documents that date back to the colonial era, and in religious services—like the wedding service—initiated in Mexico by the Spaniards. Even though the **vosotros** forms are not generally used in Mexico, their use in these situations does not cause any confusion.

Intercambio

Paso 1
Piensa en la relacion entre Raquel y Arturo. Utilizando palabras de la lista a continuación, escribe por lo menos diez oraciones en las que describes cómo se ha desarrollado esa relación empezando con el primer momento en que se conocieron. Por ejemplo, ¿cuándo empezó Arturo a tenerle cariño a Raquel? ¿Crees que él se ha enamorado de ella? ¿Y Raquel?

VOCABULARIO ÚTIL

el afecto	affection	**enamorarse**	to fall in love
la amistad	friendship	**estar enamorado/a (de)**	to be in love (with)
el amor (a primera vista)	love (at first sight)	**tener celos (de)**	to be jealous (of)
la boda	wedding	**tomarle cariño a alguien**	to start to have affection for someone
el cariño	affection		
la (primera) cita	(first) date		
la pareja	couple		

Paso 2
En grupos de tres, compartan lo que han escrito para el **Paso 1**. Revisen sus oraciones y preparen una lista de diez oraciones para presentarle a la clase.

Paso 3
Cada grupo debe presentar su lista de oraciones a la clase. Mientras tanto, el profesor / la profesora va a escribir las ideas en la pizarra.

Paso 4
Como clase, miren las ideas en la pizarra. ¿Qué les parece lo que ha ocurrido hasta el momento? ¿Creen que es típico? ¿Están todos de acuerdo del estado actual de la relación entre Arturo y Raquel? ¿Cuál de las siguientes ideas expresa mejor lo que piensa Uds.?

a. Las relaciones entre Raquel y Arturo son típicas. No hay nada excepcional que ha pasado entre ellos.
b. Las relaciones entre Raquel y Arturo son más o menos típicas, pero hay ciertas cosas que no. Por ejemplo,…
c. Las relaciones entre Raquel y Arturo no son típicas porque…

Más allá del episodio: Ángela y Jorge

Ángela y Jorge parecen ser una pareja muy unida, pero...

Ángela conoció a Jorge, en una fiesta en el Viejo San Juan. Jorge era amigo de un amigo de Roberto, y este amigo le presentó a Ángela al joven actor y también profesor de arte dramático en la universidad. La personalidad de Jorge cautivó[1] a Ángela en seguida. Lo encontró muy guapo y simpático, y cuando a los pocos días él la llamó para ir al teatro, Ángela aceptó sin dudarlo. No sólo le gustaba Jorge. Tenía confianza en él, ya que era amigo de un amigo de su hermano.

Para ella, fue amor a primera vista. Jorge ayudó a Ángela a llenar un poco el gran vacío[2] que sentía. A Ángela se le habían muerto sus padres... y ahora su hermano estaba lejos, en México. Ángela necesitaba a alguien en quien apoyarse[3] un poco. Sus relaciones con Jorge le dieron la seguridad y la confianza que necesitaba para poner su vida en orden.

Pero hay que ver la otra cara de la moneda.[4] Jorge tiene fama de ser un tipo frívolo y, lo peor, de tratar mal a la gente, especialmente a las mujeres. Hasta dicen que Jorge es un don Juan... un mujeriego. ¿Cómo puede Ángela ignorar todo esto? Ángela sólo acepta lo que ve de Jorge. Él la trata con mucho cariño y dulzura.[5] Para Ángela, es el hombre más romántico del mundo. Consciente o inconscientemente, Ángela no quiere ver la otra parte de la personalidad de Jorge, de la que todos le hablan. *Su* Jorge es diferente.

¿Cambiará Ángela de actitud? ¿Se casará con Jorge? ¿Qué piensa Roberto del novio de su hermana?

[1]*captivated* [2]*emptiness* [3]*to lean on* [4]*cara... side of the coin* [5]*sweetness*

35

Reunidos

The interactive CD-ROM to accompany *Destinos* contains additional practice with the video story line and will help you improve your skills in Spanish.

BEFORE VIEWING . . .

Preparación

VOCABULARIO		
Los verbos	**Los sustantivos**	**Los adjetivos**
recomendar (ie) to recommend	**el camión** (*Mex.*) truck	**avergonzado/a** embarrassed

Actividad A.

Completa las siguientes oraciones con la información apropiada.

1. Llevaron a Roberto... a un hospital en la capital / a una clínica en los Estados Unidos.
2. Raquel y Ángela salieron... con Roberto / en su propio carro.
3. Mientras manejaba Raquel, las dos mujeres hablaban... de sus novios / de problemas familiares.
4. En la capital, Juan y Pati... pudieron resolver sus dificultades / siguieron discutiendo sin resolver nada.
5. Arturo trataba de averiguar algo sobre... el paradero de Raquel / el accidente.

Actividad B.

Paso 1

En este episodio, Carlos llama de nuevo a Miami. Al hablar con Ofelia, recibe noticias de cómo van las cosas en la oficina. Lee la conversación entre Carlos y Ofelia y luego contesta la pregunta.

CARLOS: ¿Ofelia? Habla Carlos. Mira, ¿no sabes algo más?
OFELIA: Sí, el gerente del banco que ha estado llamando muchas veces. Quiere hablar con Ud.
CARLOS: ¿No ha dicho para qué?
OFELIA: No, pero que quiere hablar con Ud. Yo le dije que andaba de viaje para México.
CARLOS: ¿Qué más?
OFELIA: Tengo una copia de los reportes de los auditores. No son muy buenos...
CARLOS: ¿Qué dicen?
OFELIA: Dicen que el balance general arroja fuertes pérdidas, que ponen en peligro las otras inversiones de la familia. Y pues... recomiendan cerrar la oficina.

¿Cuál es el tema principal de la conversación entre Carlos y Ofelia?

a. _____ algunos problemas que hay con el personal de la oficina
b. _____ unos reportes que Carlos tiene que escribir
c. _____ los reportes de los auditores y sus recomendaciones

Paso 2

Ahora lee la conversación de nuevo. La palabra **gerente** es sinónimo de **jefe**. Trata de no fijarte en las palabras que no entiendes. Luego contesta las preguntas.

1. Según los auditores, ¿están en buenas o malas condiciones las finanzas de la oficina

de Miami? _____

2. La palabra **pérdidas** se relaciona con el verbo **perder**. ¿Qué significa?

    a. _____ profits
    b. _____ losses

Para pensar...

Al saber las noticias que le da Ofelia, Carlos está muy agitado. ¿Por qué? ¿Qué secreto está ocultando? ¿Debe contárselo a la familia? Imagina que tú eres Carlos. ¿Qué vas a hacer?

. . . AFTER VIEWING

¿QUÉ RECUERDAS?

Actividad A.   Preguntas

Contesta brevemente las siguientes preguntas sobre el **Episodio 35**.

1. ¿Por qué se sintió avergonzada Raquel en el hospital cuando Arturo la saludó?

    _____

2. ¿Qué dijeron los auditores en Miami? ¿Qué recomendaron? _____

3. ¿Quién viene ahora al D.F.? _____

4. ¿Sufre Roberto de algo grave o va a estar bien? _____

5. ¿Por qué fueron Raquel y Arturo a casa de Pedro? _____

    _____

6. ¿Por qué no fue Ángela a la reunión en casa de Pedro? _____

    _____

Actividad B.   ¡Busca el intruso!

Para cada grupo de acciones o palabras, subraya el que no les corresponde a los otros.

1. recomendar, sugerir, preocuparse, insistir
2. un golpe, una lesión, las emociones, las fracturas
3. fuerte, sano, enérgico, débil
4. el tequila, el vinagre, el vino, la cerveza

Actividad C.   ¿Cierto o falso?

Indica si las siguientes afirmaciones son ciertas (**C**) o falsas (**F**).

C   F   1.   María le dijo a Raquel que pronto ella y su esposo iban a hacer un viaje a
             México.
C   F   2.   Si Carlos no cierra la oficina en Miami, va a poner en peligro toda la
             compañía.
C   F   3.   Cuando llegaron todos al hospital, Roberto ya estaba despierto.
C   F   4.   Ángela se quedó con Roberto mientras Raquel y Arturo fueron a cenar en
             un restaurante.
C   F   5.   Roberto sufrió un golpe grave en la cabeza. La médico dijo que había que
             operarlo.
C   F   6.   Mercedes se puso enojada al saber que Ángela se había ido (*had gone*) otra
             vez al hospital en vez de conocer a la familia.

ACTIVIDADES

Actividad A.   En la capital

Ahora todos están por fin en la Ciudad de México. ¿Cuánto recuerdas de lo que pasó en el episodio? Contesta las siguientes preguntas. ¡OJO! A veces hay que elegir dos frases.

1. ¿Que pasó mientras manejaba Raquel?

    a. _____ De repente apareció un perro en el camino...
    b. _____ De repente apareció un camión en el camino...

    c. _____ ...y tuvieron un accidente.
    d. _____ ...pero no tuvieron un accidente.

2. Cuando Ángela y Raquel llegaron al hospital, ¿quiénes estaban allí para ver a Roberto?

    a. _____ Pedro y Mercedes   c. _____ Arturo y Pedro
    b. _____ Ramón y Carlos

3. Ángela no los vio. Entró directamente al cuarto de Roberto. ¿Cómo estaba Roberto cuando entró?

    a. _____ Estaba dormido...
    b. _____ Estaba despierto...

    c. _____ ...y la saludó con cariño.
    d. _____ ...y no le habló.

4. ¿Qué hizo Arturo cuando vio a Raquel?

    a. _____ Gritó su nombre y le dio la mano.
    b. _____ Gritó su nombre y la besó.

5. ¿Cuál fue la reacción de Raquel?

    a. _____ Estaba un poco avergonzada...
    b. _____ Estaba enojada con Arturo...

    c. _____ ...y se peleó con él.
    d. _____ ...pero no le dijo nada.

Actividad B.   Idas y venidas

Describe los incidentes más importantes que ocurren en este episodio, haciendo oraciones con una palabra o frase de cada columna. Añade todos los detalles que puedas.

Pedro	se despidió de	Puerto Rico, Miami, Los Ángeles,
Raquel	saludó a	Nueva York
Arturo	conoció a	
Ángela	salió para	el hospital, el hotel, la casa de
Pati (no)	estaba (dormido/a) en	Pedro, la oficina
Ofelia	llamó a	
Carlos	fue a	
Roberto	le(s) contó algo a	Carlos, Carlos y Gloria, toda la
	estaba preocupado/a por	familia, Raquel, Pedro, Arturo,
	besó a	Juan, Ángela, Pati

Para pensar...

1. En la **Actividad B**, comentaste las actividades de casi todos los personajes principales menos las de don Fernando. Parece que todos se han olvidado de él. ¿Cómo estará don Fernando? ¿En qué estará pensando? ¿Crees que sus nietos le van a causar una buena impresión?
2. ¿Crees que Arturo les ha causado una buena impresión a los miembros de la familia Castillo? ¿Por qué sí o por qué no? Piensa en sus interacciones con todos hasta ahora. Y la familia, ¿le ha causado una buena impresión a Arturo? ¿Está contento de conocer a su «nueva» familia?

Intercambio

Paso 1
En la lección anterior hicieron un análisis de las relaciones entre Raquel y Arturo. Ahora van a seguir comentando estas relaciones. Primero, como clase decidan en qué estado está la relación. ¿Se han enamorado? ¿Se han tomado mucho cariño solamente?

Paso 2
Ahora, las mujeres de la clase deben escribir tres consejos para Raquel en cuanto a sus relaciones con Arturo. Los hombres deben escribir tres consejos para Arturo. Pueden trabajar en grupos de tres o individualmente si prefieren.

MODELO: Sugiero/Sugerimos que Raquel...

Paso 3
Cada grupo o persona debe presentar sus consejos a la clase. En la pizarra, el profesor / la profesora escribirá en un lado los consejos para Raquel y en otro los consejos para Arturo.

Paso 4
Revisen los consejos. ¿Son similares para los dos personajes? ¿Piensan las mujeres y los hombres de la clase de la misma manera? ¿O dependen los consejos del sexo del personaje y la persona que da los consejos?

36

¿Qué estarán haciendo?

The interactive CD-ROM to accompany *Destinos* contains additional practice with the video story line and will help you improve your skills in Spanish.

BEFORE VIEWING . . .

reparación

Actividad.

Los siguientes incidentes ocurrieron en el episodio previo. ¿Puedes dar el nombre del personaje o de los personajes apropiados que dijeron o hicieron estas cosas?

1. _____ por poco tienen un accidente en el camino.

2. _____ salió para Nueva York.

3. _____ le dio malas noticias a su jefe.

4. _____ llegó primero al hospital y vio a Roberto.

5. _____ dijo que Roberto no sufrió lesiones graves.

6. _____ conocieron a Ángela mientras estaban fuera del cuarto de Roberto.

7. _____ dormía durante todo el episodio.

8. _____ se besaron en el hospital (y también en el jardín en la casa de Pedro).

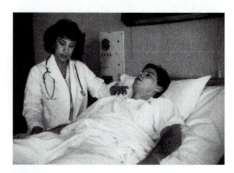

9. _____ llamó a Puerto Rico.

10. _____ habló con su madre.

11. _____ no quiso ir a la casa de Pedro.

12. _____ conoció a los miembros de la familia Castillo.

Para pensar...

En este episodio alguien le va a contar a otra persona lo que le ha pasado recientemente. Otras personas van a pensar en lo que les ha pasado a ellos. Piensa tú un momento en los **Episodios 27–35**. ¿Qué les ha pasado a estas personas?

Raquel	Ramón	Juan
Arturo	Pedro	Roberto
Mercedes	Carlos	Ángela

. . . AFTER VIEWING

¿Tienes buena memoria?

¿QUÉ RECUERDAS?

Actividad A.   Preguntas

Contesta brevemente las siguientes preguntas sobre el **Episodio 36**.

1. ¿Cómo llegaron Ángela y Raquel al sitio de la excavación? _____

2. ¿Quién ayudó mucho a Ángela y a Raquel mientras Roberto estaba atrapado en la excavación? _____

3. ¿Cómo se encuentra Roberto? _____

4. ¿Cuál es el problema entre Juan y Pati? _____

5. ¿Cuáles son los problemas que hay en la oficina de Miami? _____

6. ¿Qué le recomiendan a la familia Castillo los auditores? _____

7. ¿Adónde tiene que ir don Fernando? _____

Actividad B.   ¡Busca el intruso!

Para cada grupo de nombres, acciones o lugares, subraya el que no les corresponde a los otros.

1. la excavación, el Padre Rodrigo, La Gavia, Roberto
2. Gloria, la obra de teatro, Nueva York, Pati
3. cerrar la oficina de Miami, vender La Gavia, tomar medidas drásticas, viajar a Guadalajara
4. mimado, contento, egocéntrico, celoso

Actividad C.   ¿Cierto o falso?

Indica si las siguientes afirmaciones son ciertas (**C**) o falsas (**F**).

C   F   1. Roberto murió en el accidente de la excavación.
C   F   2. Los auditores recomiendan cerrar la oficina de México.
C   F   3. Juan está de acuerdo con Pati en que es mejor que ella vuelva a Nueva York.
C   F   4. Raquel y Arturo se besaron en el jardín de La Gavia.
C   F   5. Por fin Arturo pudo conocer a Roberto y a Ángela.

ACTIVIDADES

Actividad.   ¿Qué pasó?

Contesta las siguientes preguntas sobre lo que pasó en este episodio.

1. Los miembros de la familia Castillo... se dan cuenta / no se dan cuenta ...de la atracción entre Arturo y Raquel.
2. Raquel/Arturo ...quería quedarse un poco más en el jardín antes de reunirse otra vez con los Castillo.
3. Arturo... sigue enamorado / ya no está enamorado ...de Raquel.
4. En la sala... Consuelo/Gloria ...habla sin parar mientras los demás piensan en sus propios problemas.

Repaso de los Episodios 27–35

Actividad A.   Lo que le pasó a Raquel

Pon los siguientes incidentes en orden cronológico (del 1 a 7), según los contaba Raquel.

a. _____ Raquel y Ángela fueron manejando del pueblo a la capital.
b. _____ Al llegar al pueblo, no pudieron pasar al sitio de la excavación.
c. _____ Raquel y Ángela fueron manejando de la Ciudad de México a un pueblo.
d. _____ Por fin sacaron a Roberto y lo llevaron a la capital.
e. _____ Estaban a punto de rescatar a Roberto cuando hubo otro derrumbe.
f. _____ En un hospital conocieron a un cura que las ayudó mucho.
g. _____ Al regresar al sitio de la excavación, supieron que Roberto estaba vivo.

Actividad B.   ¿Y la familia Castillo?

Varios miembros de la familia Castillo reflexionaron sobre problemas importantes mientras Gloria hablaba sin parar. ¿Te acuerdas de la información más importante?

Juan

¿Cuál es el motivo principal del conflicto entre él y Pati?

a. _____ A Pati no le gusta la familia de Juan.
b. _____ Juan quiere que Pati pase más tiempo con él y con su familia.
c. _____ Pati no sabe manejar sus proyectos profesionales y por eso no puede pasar tiempo suficiente con Juan.

Para pensar...

Ya sabes que Ramón le ha sugerido a Juan que tal vez él, Juan, le tenga envidia a Pati, su mujer. ¿Crees que Juan tomó en serio la sugerencia de Ramón? ¿Qué va a hacer Juan?

Mercedes

Paso 1
¿Cuál es el problema esencial de ella?

a. _____ Sufre por la enfermedad de su padre y porque sabe que hay otros problemas familiares también.
b. _____ Les tiene envidia a Consuelo y a Pati, porque éstas están casadas y ella no.
c. _____ Les tiene envidia a sus hermanos porque éstos tienen carreras y ella no.

Paso 2
Indica si las siguientes oraciones son ciertas (**C**) o falsas (**F**) con relación a Mercedes.

C   F   1. Ha pasado la mayoría de su tiempo en el hospital.
C   F   2. También habló con Juan sobre sus problemas matrimoniales.
C   F   3. No sabe nada de lo que está pasando en la oficina en Miami. Pedro y Ramón no le han dicho nada del asunto.

Para pensar...

Algunas personas viven para sí mismas. Otras viven para los demás. En tu opinión, ¿qué tipo de persona es Mercedes? ¿Por qué crees que es así? ¿Crees que es muy diferente de sus hermanos?

Pedro

Paso 1
¿De qué problema se entera él?

a. _____ Roberto y Ángela no son los verdaderos nietos de don Fernando.
b. _____ Don Fernando está arruinado económicamente por su enfermedad.
c. _____ Las finanzas de la compañía no están en buenas condiciones.

Paso 2

¿Qué recuerdas de la conversación que Pedro y Ramón tuvieron con los auditores? De las siguientes recomendaciones, ¿cuáles no fueron dadas por los auditores?

a. _____ vender La Gavia
b. _____ abrir otra oficina en la capital
c. _____ cerrar la oficina en Miami
d. _____ concentrarse en la producción de autos
e. _____ nombrar a Juan director de la compañía

Para pensar...

La situación económica de la compañía Castillo Saavedra realmente está grave. ¿Qué opinas tú? ¿Crees que Pedro y Ramón van a seguir las recomendaciones de los auditores? ¿Cuál es la causa de los problemas en la oficina de Miami? ¿Es culpa de Carlos? ¿O hay otra posibilidad?

Para escribir

In this activity you will practice narrating events in the past, forming a cohesive account of what has happened in *Destinos* since Raquel and Ángela arrived in Mexico. You will be writing for a classmate who has missed some of the video episodes and needs to catch up on the plot before watching **Episodio 37**. Your composition should be no less than 300 words and no more than 500 words long.

Thinking About What You Will Write

In order to write this composition, the first thing you must do is to think about what information you will include. A good place to begin is with your Handbook.

Look back at **¿Tienes buena memoria?** and at **Actividad A** in **Repaso de los Episodios 27–35**. They will help you remember the main events of those video episodes. Which events will you focus on in your composition? Make a list of them (don't be concerned about chronology for the moment), then decide which you will include in your composition.

If you want more information, you may wish to look back at the **¿Tienes buena memoria?** sections of each lesson in **Episodios 27–35**. There you will find much more detail, perhaps more detail than you really need to write your composition. Add some details to the list of main events you are creating. If you eventually delete or add events and information later on, that is fine. For the moment, you are just trying to create a bank of ideas from which to draw.

Organizing Your Composition

In order to write this composition, you must decide if you will address your classmate directly in the composition. If so, think about whether you will use **tú** or **Ud.** to address him or her.

The next thing you need to do is to spend some time thinking about the organization (order) of the events you have selected. If you included events about different characters, which events will you present first? Will you go back and forth from character to character, or focus exclusively on one character, then go on to another? Which approach makes the most sense to you at the moment? Write a brief outline of that approach.

Drafting

Paso 1

Now draft your composition. At this stage, you should not worry about grammar and spelling. Your goal is to get your ideas down on paper.

If you wish, you may select one of the following as the opening sentence in your composition. Doing so may help you get started.

> Cuando Raquel y Ángela estaban para salir para México, llegó el tío Jaime con la mala noticia del accidente.

> Lo del accidente de Roberto en la excavación fue una experiencia difícil para las dos mujeres. Raquel y Ángela reaccionaron de maneras muy diferentes. Raquel...

Paso 2

After you have completed your draft, look over what you have done. Have you kept to the goal of the composition, which was to narrate the main events of what happened to Raquel and Ángela since arriving in Mexico? Have you presented the sequence of events coherently, regardless of the overall approach you took in the composition? Are you still satisfied with the information you selected? Do you want to add some things and delete others, or go into more detail about certain events? Have you included a few interesting details about some characters or events? (Keep in mind that you are writing for someone who knows something about the events but not everything.) If you decided to do so, did you address your classmate in the composition? How?

Finalizing Your Composition

If you are satisfied with the information contained in your draft, it is time to look it over for style and language.

Paso 1

First, look at your composition for style. Have you been consistent in the way you have addressed your classmate throughout (if you decided to address him or her directly)? Does the composition flow, or is it disjointed and choppy? Does it contain words and phrases that connect events, or is it mostly an accumulation of sentences?

Paso 2

Review your composition for the following language elements and any others you have studied as well.

_____ use of past tenses   _____ agreement of subjects and verbs
_____ adjective agreement   _____ use of object pronouns

Paso 3

Prepare a clean copy of the final version of your composition for your instructor.

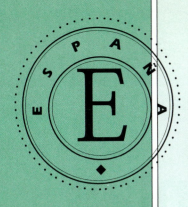

Un viaje
a México:
La capital

Un sector de la capital mexicana

37

Llevando cuentas

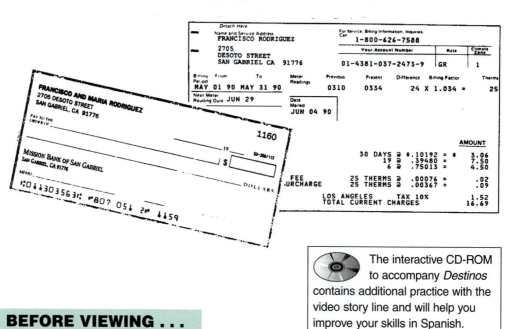

The interactive CD-ROM to accompany *Destinos* contains additional practice with the video story line and will help you improve your skills in Spanish.

BEFORE VIEWING . . .

Preparación

VOCABULARIO

Los verbos		Los sustantivos	
llevar cuentas	to keep the books; to keep track of expenses	**el cheque**	check
		la cuenta corriente	checking account
manejar (bien/mal)	to manage (well/badly)	**la cuenta de ahorros**	savings account
		los gastos	expenses
		los ingresos	income
		el recibo	receipt
		la tarjeta de crédito	credit card

Actividad A.

Al empezar esta serie de episodios de *Destinos*, varias situaciones están sin resolverse todavía. Otras están a punto de desarrollarse. ¿Puedes dar el nombre de la persona que está enfrentando las siguientes situaciones? ¡OJO! Más de una persona está involucrada en algunas situaciones, y algunos personajes no tienen sólo un problema que resolver, sino varios.

Personajes: Ángela, Arturo, Carlos, don Fernando, Gloria, Juan, Mercedes, Pati, Pedro, Ramón, Raquel, Roberto

Situaciones

1. _____ Le ha declarado su amor a una persona, pero esa persona todavía no le ha dado una respuesta.
2. _____ Esta persona está muy pensativa porque alguien le ha dicho que es egoísta.
3. _____ Tiene que tomar decisiones relacionadas con los problemas financieros causados por un pariente.
4. _____ Su trabajo es la causa de que se separa de una persona querida.
5. _____ Todavía piensa en una persona de su pasado... y en unos parientes que no ha conocido todavía.
6. _____ Hay serios problemas financieros en la oficina que esta persona dirige.
7. _____ Un pariente se mete mucho en la vida de esta persona, lo cual (*which*) le molesta mucho.
8. _____ Aunque el esposo de una pareja es miembro de su familia, esta persona apoya a la esposa.
9. _____ Alguien le ha declarado su amor a esta persona, pero no sabe qué hacer. Por un lado, está el amor. Pero por otro, está la familia...
10. _____ Esta persona tuvo una pelea con otra persona que ahora está inconsciente a causa de un accidente.

Actividad B.

En este episodio, Mercedes le va a explicar a Arturo el significado de algunas fiestas nacionales de México.

Paso 1

Primero, lee lo que Mercedes le va a decir sobre el 16 de septiembre.

MERCEDES: El 16 de septiembre se dio el grito de independencia. En ese día en el pueblo de Dolores, el Padre Miguel Hidalgo supo que los españoles habían descubierto los planes de independencia del grupo de patriotas. El Padre Miguel Hidalgo era uno de estos patriotas. Entonces, en la madrugada de ese día, el padre tocó las campanas de la iglesia, llamando a todos los habitantes del pueblo. Cuando llegaron, Hidalgo les habló otra vez de la igualdad entre los hombres. Les habló de cómo los indígenas, mestizos y criollos deberían tener los mismos derechos que los españoles que gobernaban las colonias. Dijo que era el momento de ser una nación independiente. Y así empezó la lucha por la independencia. Por ese motivo, cada 16 de septiembre hay grandes celebraciones en todo el país.

Paso 2

Ahora lee lo que Mercedes le dice a Arturo sobre el Cinco de Mayo. Luego contesta las preguntas.

MERCEDES: Como ya sabrás, Arturo, en 1861, los franceses invadieron México. Napoleón III siempre había soñado con poseer territorios en América. En esa época, Benito Juárez era presidente de México. Pero nuestro país estaba dividido. Había un gran conflicto entre los conservadores y los liberales. Llegaron las tropas francesas, y con la ayuda de los conservadores, Napoleón pudo instalar a Maximiliano de Austria como emperador de México. Pero el imperio de Maximiliano no duró mucho. Pues, las batallas con Juárez continuaban. En 1867, Maximiliano fue capturado y fusilado. Benito Juárez asumió su autoridad una vez más. Una de las batallas más importantes ocurrió el 5 de mayo de 1862 en la ciudad de Puebla. Allí, el general Zaragoza venció a las tropas francesas. Aunque la lucha contra los franceses duró varios años más, la batalla de Puebla representa el espíritu y la valentía con que los mexicanos luchaban. Cada año celebramos el Cinco de Mayo como un acontecimiento muy importante.

1. En México, la celebración del Cinco de Mayo tiene que ver con

   a. _____ una batalla contra tropas de los Estados Unidos.
   b. _____ una batalla contra tropas francesas.
   c. _____ una batalla contra tropas españolas.

2. El Cinco de Mayo conmemora

   a. _____ la valentía de los mexicanos en esa batalla.
   b. _____ la independencia de México de España.
   c. _____ el comienzo de la primavera.

Para comprender un poco más

Note: On occasion boxes such as this one will present vocabulary that may help you understand certain conversations more completely. Can you guess the meaning of the boldfaced vocabulary items from their brief context?

atrasado/a	El vuelo de Raquel está **atrasado**. Debe llegar a las siete y media, pero no va a llegar hasta las ocho.
darle de alta	Don Fernando desea regresar a La Gavia. ¿Cuándo **le** van a **dar de alta** sus médicos?
una pesadilla	Carlitos se despertó porque tuvo **una pesadilla** y ahora no quiere estar solo.

. . . AFTER VIEWING

¿Tienes buena memoria?

¿QUÉ RECUERDAS?

Actividad A.   Preguntas
Contesta brevemente las siguientes preguntas sobre el **Episodio 37**.

1. ¿Qué hace Ángela en el hospital mientras Roberto duerme? _____

2. ¿De quién habló Arturo mientras estaba en casa de Pedro? _____

3. Mercedes habla de tres acontecimientos importantes en la historia de México.

   ¿Cuáles son esos acontecimientos? _____

4.   ¿Por qué pregunta Carlitos si Raquel y Arturo son novios o esposos? _____

5.   ¿De qué enfermedad se ha recuperado Carlitos recientemente? _____

6.   ¿Adónde van a viajar los padres de Raquel? _____

7.   ¿Cuál es la sorpresa que Arturo le tiene a Raquel al final del episodio? _____

_____

Actividad B.   ¡Busca el intruso!

Para cada grupo de nombres o palabras, subraya el que no les corresponde a los otros.

1.   la tarjeta de crédito, el cheque, el grito, la cuenta corriente
2.   Pancho Villa, Emiliano Zapata, Francisco Madero, el Padre Miguel Hidalgo
3.   el Cinco de Mayo, el Día de Acción de Gracias, el 16 de septiembre, la Revolución de 1910
4.   Benito Juárez, el 16 de septiembre, el Grito de Dolores, el Padre Miguel Hidalgo

Actividad C.   ¿Cierto o falso?

Indica si las siguientes afirmaciones son ciertas (**C**) o falsas (**F**).

C   F   1.   Ángela es muy práctica y sabe llevar muy bien sus cuentas.
C   F   2.   El día 16 de septiembre se conmemora la independencia de México.
C   F   3.   Durante el episodio, Roberto está despierto en el hospital.
C   F   4.   Pancho Villa y Emiliano Zapata son dos de los líderes de la Revolución mexicana de 1910.
C   F   5.   Los padres de Raquel no van a ir a México porque no tienen el dinero suficiente para hacer el viaje.

ACTIVIDADES

Actividad A.   ¿Qué pasó?

¿Puedes identificar a los siguientes personajes?

1.   Esta persona habló de las fiestas nacionales de México. _____

2.   Esta persona revisó sus asuntos económicos y llegó a la conclusión de que maneja muy mal el dinero. _____

3.   Esta persona también revisó sus asuntos económicos y encontró que tenía suficiente dinero para hacer un viaje. _____

4.   Esta persona llamó al hotel y dejó un mensaje para Raquel. _____

5.   Esta persona ha comprado su pasaje para ir a México. _____

Actividad B.   ¿Quién lo dijo?

Identifica al personaje que hizo cada una de las siguientes declaraciones. ¿Puedes identificar también al personaje con quien hablaba?

Raquel	Pedro	Luis
Ángela	Mercedes	Carlitos
Arturo	Ramón	María Rodríguez (la
Roberto	Juan	madre de Raquel)

MODELOS: _____ está conversando con _____.

_____ le(s) dijo esto a _____.

_____ está hablando por teléfono con _____.

1. Bueno, mi madre era una mujer... llena de vida, afectuosa. A veces tenía momentos de tristeza y yo no entendía por qué...

   _____

2. Ya verás las sorpresas que te esperan cuando despiertes, Roberto. Primero, conoceremos a nuestro abuelo, el padre de papá.

   _____

3. Tú eres el esposo de Raquel, ¿verdad?... Entonces, ¿son novios?... Porque sólo los novios o los esposos se besan en el jardín, ¿no es cierto?

   _____

4. Raquel se pondrá muy contenta de verte... Será una completa sorpresa... Yo creo que a ella también le gustará verte a ti.

   _____

5. Muy bien. Mañana le daré tus recibos a mi secretaria y le diré que te haga un cheque.

   _____

Para pensar...

Al final de este episodio, Raquel recibió un mensaje de Pedro. ¿Por qué quiere Pedro hablar con Raquel otra vez cuando acaba de verla en su casa? ¿Es posible que tenga que ver con don Fernando?

Nota cultural: El español de María Rodríguez

The use of certain phrases by María, Raquel's mother, is in some ways typical of Mexican Americans and of Mexicans as well. In the scene where María works on the family's bills, did you note the following usages? Were you able to guess their meaning in context?

Anda, viejo.	**Anda** (also: **Ándale**, **Ándale pues**) is a common way to say *get going* or *get out of here* (in the literal and figurative sense). **Viejo** (also **vieja**) is an affectionate way to refer to one's spouse.
¡Híjole! ¡Caramba!	Frequently used interjections, roughly equivalent to English phrases such as *My God! Gosh!*

ntercambio

Paso 1

Prepara preguntas para entrevistar a un compañero / una compañera sobre el siguiente tema: Al comenzar a estudiar en la universidad, ¿qué querían, en qué insistían y/o qué (no) permitían sus padres? Inventa dos preguntas más para cada categoría a continuación.

El permiso

1. ¿Permitían que utilizara la tarjeta de crédito de ellos?

2. _____

3. _____

Los deseos

1. ¿Querían que pagaras tus propios gastos?

2. _____

3. _____

Las exigencias

1. ¿Insistían en que los visitaras/llamaras a menudo?

2. _____

3. _____

Paso 2

Con tu compañero/a, haz y contesta las preguntas del **Paso 1**. Apunta la información de las entrevistas en otra hoja de papel.

Paso 3

Ahora, utilizando la información del **Paso 2**, escribe un párrafo de entre 100 y 150 palabras en que compares los deseos y exigencias de tus padres con los de los padres de tu compañero/a.

38

Ocultando la verdad

The interactive CD-ROM to accompany *Destinos* contains additional practice with the video story line and will help you improve your skills in Spanish.

BEFORE VIEWING . . .

Preparación

VOCABULARIO

Los verbos		Los sustantivos		Los adjetivos	
andar bien/mal	to be going well/badly	**la empresa**	firm, company, business	**delicado/a**	delicate
engañar	to deceive	**el presupuesto**	budget		
ocultar	to hide	**S.A. (Sociedad Anónima)**	Inc. (Incorporated)		
		la sucursal	branch office		

Actividad A.

¿Qué pasó en el episodio previo? Indica si las siguientes afirmaciones son ciertas (**C**) o falsas (**F**).

C F 1. La familia Castillo le pidió a Arturo que hablara un poco de su madre.
C F 2. También le dijeron a Arturo que regresara a México para conocer al resto de la familia.
C F 3. Arturo y Raquel salieron a bailar después de hablar con la familia.
C F 4. En el hospital Ángela revisaba sus cuentas.
C F 5. Al regresar por fin al hotel, Arturo le dio a Raquel un regalo, una foto.
C F 6. Raquel recibió un telegrama urgente.

Actividad B.

Ya sabes que la familia Castillo tiene problemas económicos. En este episodio, Ramón y Pedro le van a hablar de esos problemas a Mercedes. Luego van a hablar de posibles soluciones. Lee una parte de su conversación y contesta las preguntas. Al leer, recuerda que **engañar** significa *to deceive*.

PEDRO: Cuando compararon cuentas, descubrieron que Carlos llevaba los libros mal.
MERCEDES: Carlos nunca ha manejado bien el dinero. Bueno, él nunca ha manejado bien muchas cosas.
RAMÓN: Mercedes... no es cosa de que Carlos no sepa manejar el dinero. Carlos sí sabe manejar asuntos financieros.
MERCEDES: ¿Quieren decir que Carlos nos engañaba? ¿Que engañaba a su propia familia?
PEDRO: Cálmate, Mercedes. No hemos dicho eso.
MERCEDES: Pues, ¿qué están diciendo entonces?
PEDRO: Mercedes, sólo queremos saber lo que pasó... y estamos buscando el momento oportuno para hablar con Carlos.
MERCEDES: Hay que tener cuidado. Es un asunto muy delicado. Si acusan a Carlos de...
RAMÓN: No, no vamos a acusar a Carlos de nada. Ya es tarde para eso. Lo importante es buscar soluciones.
MERCEDES: ¿Y qué se puede hacer?
RAMÓN: Tal vez tengamos que cerrar la sucursal. O al menos poner a otra persona a cargo.

1. Cuando hablan de soluciones, Ramón habla de cerrar «la sucursal». ¿Qué significa esa palabra?

    a. _____ un tipo de investigación
    b. _____ una oficina de una compañía

2. Ramón también propone otra solución para los problemas financieros: «poner a otra persona a cargo». ¿Qué crees que significa esa frase?

    a. _____ darle la dirección de la oficina a otra persona
    b. _____ cambiar el personal de la oficina, por ejemplo, la secretaria

---

Para pensar...

1. Según lo que sabes en este momento, ¿se te ocurre otra solución para los problemas financieros de la familia Castillo?
2. ¿Cuándo crees que los hermanos deben hablar con Carlos sobre estos asuntos? Antes de contestar, piensa en todas las preocupaciones que la familia tiene en este momento.

Para comprender un poco más

cabezón/cabezona   Juan es **cabezón**. A veces no escucha los consejos que le dan y sigue con lo suyo.

caerle bien/mal a alguien   Arturo **les** quiere **caer bien** a los Castillo. Es decir, quiere causarles una buena impresión.

. . . AFTER VIEWING

¿Tienes buena memoria?

¿QUÉ RECUERDAS?

Actividad A.   Preguntas
Contesta brevemente las siguientes preguntas sobre el **Episodio 38**.

1. ¿De qué trataba el mensaje de Pedro a Raquel? _____

2. ¿Qué va a hacer la familia Castillo sobre las relaciones entre Juan y Pati? _____

   _____

3. ¿De qué hablaron Raquel y Arturo en el bar? _____

4. ¿Quién llamó por teléfono a Raquel esa noche? _____

5. ¿Qué le pasó a Roberto en el episodio? _____

6. ¿Qué le dice Carlos a Gloria? ¿Qué va a hacer él? _____

Actividad B.   ¡Busca el intruso!
Para cada grupo de nombres o palabras, subraya el que no les corresponde a los otros.

1. la empresa, la sucursal, S.A., la cartera

2. la cartera, el mensaje de Pedro, el presupuesto, Raquel

3. engañar, Roberto, el hospital, despertarse

4. Juan, manejar mal el dinero, Pati, los problemas matrimoniales

Actividad C.   ¿Cierto o falso?
Indica si las siguientes afirmaciones son ciertas (**C**) o falsas (**F**).

C   F   1. Raquel dejó su cartera en casa de Pedro.
C   F   2. En la oficina de Miami los gastos son menores que los ingresos.
C   F   3. Roberto no sabe dónde está cuando se despierta.
C   F   4. Carlos sacó mucho dinero de la empresa de Miami.
C   F   5. Carlos se enfadó mucho porque su familia lo acusa de ladrón (*thief*).

ACTIVIDADES

Actividad A.   Lo que sabe Raquel
Esta noche, en el hotel, Raquel ha hablado con una serie de personas que le son importantes de una forma u otra. ¿Puedes completar el siguiente resumen de sus conversaciones?

Frases útiles:

hablar de sí mismo / de nosotros, pasarlo bien/mal con, quedarse en Los Ángeles,
    venir a México

una carta para él, un mensaje para mí, una llamada telefónica

con don Fernando / con Roberto, en mí / en mi familia

si Ángela había regresado, si Roberto se había despertado

Me gusta mucho la foto que Arturo me dio. Yo siempre _____.[1]

Arturo. Es muy amable y me hace sentir muy bien.

Cuando Arturo y yo regresamos al hotel, había _____.[2] Pedro

quería que yo lo llamara a su casa. Otra vez olvidé la cartera. Ya que el mensaje era urgente,

Arturo y yo pensamos que tenía que ver _____.[3] ¡Qué susto!

Luego Arturo y yo fuimos a tomar algo. Al sentarnos, Arturo empezó a _____

_____.[4] Yo le dije que había pensado en él, pero que no había pensado _____

_____.[5] Nuestra conversación fue interrumpida por _____.[6]

Era mi madre, quien me quería decir que ella y mi padre sí iban a _____.[7]

Al subir a mi habitación, llamé a la recepción para saber _____,[8]

pero parece que no. Ojalá Roberto esté bien.

Actividad B.   Lo que Raquel no sabe

Paso 1
Raquel no ha podido hablar con Ángela, así que no sabe nada sobre Roberto. ¿Te
acuerdas de lo que pasó con Roberto en este episodio? ¿Se despertó o no?

_____

Paso 2
Raquel tampoco sabe nada de las otras preocupaciones de la familia Castillo. ¿Puedes
contestar las siguientes preguntas sobre esos problemas?

1. En cuanto al futuro de Juan y Pati, ¿son optimistas o pesimistas los hermanos?

    _____

2. ¿Qué le revelan Pedro y Ramón a Mercedes? ¿que Carlos ha sacado dinero de la
    compañía o que Carlos maneja mal el dinero?

    _____

3. ¿Qué ya no puede hacer Carlos? ¿ser director de la oficina u ocultar la verdad?

    _____

Para pensar...

1. En este episodio, Carlos le dijo a Gloria que no podía seguir ocultándole la verdad a su familia. ¿Qué «verdad» está ocultando Carlos? ¿Por qué crees que Carlos se enfadó con Gloria? ¿Es posible que ella tenga algo que ver con el dinero que ha sacado Carlos?
2. Al final del episodio, Carlos se enfadó muchísimo porque no encontró a Gloria en la casa. ¿Adónde crees que se fue? ¿Por qué se fue?

Nota cultural: La estructura familiar

In the Spanish-speaking world, as in many other cultures, the roles of men and women, and husbands and wives, are in a state of flux. In the Castillo family there are examples of a number of different roles:

*   Ramón and Consuelo are a traditional couple. It appears that Consuelo is the primary caretaker of the children and that Ramón is more involved with business matters.
*   Juan and Pati are young urban professionals who do not have children yet, nor are there (apparently) any plans to have them.
*   Carlos and Gloria are also somewhat nontraditional. Even though Carlos is a business executive, he takes great pleasure in spending time with his children; in fact, he appears to be more involved with child-rearing than his wife is.

In short: No one image of the structure is typical for all Hispanic cultures. How would you describe Mercedes in this context? Raquel? María and Pancho (Raquel's parents)?

Intercambio

Paso 1

Piensa en la última vez que tuviste que dirigir algo. Luego contesta las siguientes preguntas.

1. ¿Quién te puso a cargo? _____

2. ¿Qué querían o esperaban que hicieras? _____
    _____

3. ¿Tuviste que dirigir a otras personas? ¿manejar algo importante? Explica. _____
    _____

4. ¿Cómo salió todo? _____

Paso 2

Ahora, busca a otra(s) persona(s) en la clase que tuvo/tuvieron que hacer lo mismo. Puedes utilizar la pregunta de modelo.

MODELO: ¿Alguna vez te pusieron a cargo de _____?

Paso 3

Compara lo que te pasó con lo que pasó a otro(s) de la clase. Luego, debes presentar tus experiencias a la clase. Después de las presentaciones, todos deciden quién en la clase tuvo la experiencia más interesante o más rara.

Más allá del episodio: Carlos y Gloria

Ya sabes que Carlos ha sacado mucho dinero de la cuenta de la sucursal en Miami... más de $100.000.00. Y también sabes que la familia está al tanto[1] de todo. Bueno, por lo menos saben que la sucursal anda muy mal de dinero y que tal vez haya que cerrarla. Lo que no saben es el porqué.

Carlos cree que ya es hora de enfrentarse con la realidad, pero le cuesta decírselo todo a sus hermanos. Por supuesto, no es falta de confianza ni de cariño. Carlos realmente no sabe muy bien por qué no ha hablado con ellos. Probablemente porque esperaba que todo se solucionara fácilmente. Toda esta situación le disgusta mucho. Para él, su familia tiene mucha importancia; es lo primero. Y, además, siempre ha tratado de ser una persona honesta. «¿Cómo ha podido pasar todo esto?», se pregunta.

Lo irónico es que pusieran a Carlos a cargo de la sucursal precisamente por su honestidad. «Pedro», le dijo don Fernando una vez a su hermano, «quiero que mandes a Carlos a Miami. Es por la distancia, ¿sabes? Tenemos que tener allí a un miembro de la familia... una persona en quien podamos confiar para dirigir la oficina.»

Al principio, Carlos no quería aceptar el cargo. No creía ser la persona indicada para llevar tanta responsabilidad. Además, estaba muy contento con su vida en la capital, y la idea de vivir en el extranjero no le gustaba mucho. Viajar al extranjero... pasar las vacaciones fuera de México... eso sí. Pero, ¿criar[2] a los niños en otro país? Eso ya era otra cosa. Pero como su padre insistía, por fin aceptó.

Al principio, todo anduvo bien. La oficina prosperaba y a Carlos le iba gustando más cada día el trabajo de dirigirla. Empezó entonces el problema de Gloria. Al principio, Carlos creyó que el problema de ella sería algo pasajero,[3] una extravagancia nada más. Pensó qué podría ser una reacción a alguna otra crisis personal de ella. Tal vez él mismo era culpable, por estar tan ocupado con los negocios y no dedicarle a Gloria mucha atención. Quizás se debía a la influencia de sus amigas.

Carlos ya no sabe qué pensar. Ha tratado de resolver su problema con grandes cantidades de dinero. Y hay que admitir que ha pagado otro precio también: ha violado la confianza que tenía en él su familia. Todo por su esposa. ¿Cuál es el problema que tiene Gloria?

Las consecuencias del problema han llegado a un punto bastante delicado. Es imposible seguir ocultándolo.

[1]está... *is aware*   [2]*to raise, bring up*
[3]*temporary*

La misma sonrisa

The interactive CD-ROM to accompany *Destinos* contains additional practice with the video story line and will help you improve your skills in Spanish.

**reparación**

VOCABULARIO

Los verbos	Los sustantivos		Los adjetivos	
aceptar to accept	**el/la agente de bienes raíces**	real-estate agent	**interesado/a** interested
alquilar to rent	**el impresario / la impresaria**	businessperson	
rechazar to reject	**la oferta**	offer	
	la sonrisa	smile	

Actividad.

Aquí está el resumen del narrador que vas a escuchar al principio de este episodio. ¿Puedes completar las oraciones?

En el episodio previo,

1. Raquel y Arturo regresaron al hotel después de... ver a don Fernando en el hospital / una reunión en la casa de Pedro.

2. Había un mensaje para... Raquel/Arturo.
3. Ellos, alarmados, llamaron en seguida a... Puerto Rico / Pedro.

En el bar,

4. Arturo/Raquel ...le preguntó a... Arturo/Raquel ...si había pensado... en ellos / en su futuro.

Mientras tanto,

5. Pedro, Ramón y Mercedes hablaban de... los problemas que tienen Juan y Pati / los problemas económicos de la oficina en Miami.
6. Pedro y los demás no sabían que... Juan/Carlos ...los escuchaba.

En casa de Ramón,

7. Carlos habló... seriamente/alegremente ...con Gloria.
8. Más tarde, Carlos descubrió que... los niños habían desaparecido / Gloria había desaparecido.

Para pensar...

Las siguientes fotos represen-tan algunas de las escenas que vas a ver en este episodio. ¿Quiénes son los personajes que se ven? ¿Qué te sugiere cada foto?

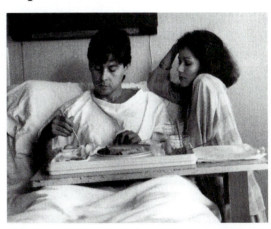

Para comprender un poco más

el boleto   Si quieres ver una película o una obra de teatro, tienes que comprar **el boleto** para poder entrar.

. . . AFTER VIEWING

¿QUÉ RECUERDAS?

Actividad A.   Preguntas
Contesta brevemente las siguientes preguntas sobre el **Episodio 39**.

1. ¿Por qué necesita Carlos el carro de Ramón? _____

2. ¿Con quién habla Ramón por teléfono antes de ir a La Gavia? _____

3. ¿Quién está interesado en comprar La Gavia? _____

4. Raquel hace una llamada a Puerto Rico. ¿A quién llama? ¿Por qué? _____

    _____

5. ¿Qué mensaje le da el tío Jaime a Raquel? _____

6. Según Arturo, ¿en qué se parece Roberto a su padre? _____

Actividad B.   ¡Busca el intruso!
Para cada grupo de nombres, lugares, acciones o palabras, subraya el que no les corresponde a los otros.

1. Roberto, Ángel, la sonrisa, el apartamento

2. la agente de bienes raíces, La Gavia, alquilar, el cliente de los Estados Unidos

3. La Gavia, el tío Jaime, Ángela, el apartamento

4. Ángel, la sonrisa, el sentimiento de culpa, Arturo

Actividad C.   ¿Cierto o falso?
Indica si las siguientes afirmaciones son ciertas (**C**) o falsas (**F**).

C   F   1. Roberto tiene mucha hambre. Por eso se comió dos desayunos en el hospital.
C   F   2. Raquel consiguió boletos para un concierto de música clásica.
C   F   3. Ángela estaba muy cansada porque no había dormido en toda la noche.
C   F   4. Carlos no encontró a Gloria y regresó solo a casa.

ACTIVIDADES

Actividad A.   ¿Qué hicieron?
En la siguiente tabla se encuentran los nombres de los personajes principales de este episodio. Lee las oraciones y escribe el número de cada oración junto a los nombres apropiados.

Raquel y Arturo	Carlos y Gloria
Ángela y Roberto	Juan, Ramón y Pedro

1. Esta persona busca a la otra persona, que ha desaparecido.
2. Esta persona tiene mucha hambre, y la otra persona le busca otro desayuno.
3. Estas personas van al hospital para conocer a alguien.
4. Estas personas van a La Gavia esta mañana.
5. Esta persona llama a un país extranjero por un pariente de la otra persona.
6. Esta persona pide boletos para un espectáculo que quiere ver con la otra persona y unos parientes.
7. Dos de estas personas hablan de vender La Gavia, con un pariente.
8. Una de estas personas les habla a unos parientes de un pariente «perdido», mientras la otra persona escucha.

Actividad B.   Encuentros

Paso 1
En este episodio, ¿recuerdas lo que decían Arturo y sus sobrinos puertorriqueños? Indica todos los temas de que hablaron en el episodio.

1. _____ el accidente en la excavación
2. _____ la condición de Roberto
3. _____ el parecido entre Roberto y su padre Ángel
4. _____ la esposa de Ángel
5. _____ las cosas que trajo Arturo desde la Argentina
6. _____ la muerte del padre de Arturo
7. _____ el sentido de culpabilidad de Ángel
8. _____ el sentido de culpabilidad de Arturo

Paso 2
Antes de conocer a sus sobrinos, Arturo quería hablar con Raquel. ¿Te acuerdas de su breve conversación fuera del cuarto de Roberto? Contesta la pregunta.

ARTURO: Ven, que te quiero decir algo... Raquel, te quiero agradecer lo que has hecho.
RAQUEL: ¿Cómo?
ARTURO: Encontrar a Ángela... y a Roberto. Por fin podré resolver el conflicto... no con Ángel,... pero sí con sus hijos.
RAQUEL: Vamos. Te estarán esperando.

¿Cuál es el conflicto a que se refiere Arturo?

a. _____ Creía que Ángel tenía la culpa de la muerte de su padre.
b. _____ Se sentía culpable por no buscar a Ángel después de que éste se fue.

Para pensar...

En este episodio, Juan pensaba hacer una llamada telefónica, pero no lo hizo. ¿A quién pensaba llamar? ¿Por qué? ¿Qué le quería decir?

Intercambio

Paso 1
Toda la clase va a entrevistar al profesor / a la profesora sobre el primer apartamento o casa que tuvo después de salir de la casa de sus padres. La clase debe dividirse en cuatro grupos. A cada grupo se le asignará una de las siguientes categorías.

1. lo que quería
2. cómo lo encontró
3. cómo lo consiguió
4. cuándo se mudó después y bajo qué circunstancias

Paso 2
Los grupos deben formular por lo menos cinco preguntas sobre su categoría. La idea es sacar todos los detalles posibles haciendo sólo preguntas de tipo sí/no.

_____

_____

_____

_____

_____

Paso 3
La clase debe hacerle las preguntas al profesor / a la profesora. Todos deben apuntar la información. ¡OJO! Su profesor(a) les va a dar respuestas falsas para una de las categorías.

_____

_____

_____

_____

_____

Paso 4
En grupos, revisen la información. ¿Pueden identificar la información falsa?

Más allá del episodio: Juan

Juan siempre fue el preferido de la familia Castillo. Por ser el pequeño de la casa, era el niño mimado de todos. Además, Juan realmente era un niño encantador. Era guapo, despierto[1] y simpático... y muy pronto se dio cuenta del poder de su seducción. Siendo todavía muy pequeño, aprendió a conseguir todo lo que quería. Lupe fue siempre su gran aliada. Aunque estaba consciente de las maniobras[2] del pequeño, no podía evitar mimarlo.

¿Podrá Juan aceptar el éxito de Pati sin resentimiento?

[1]*smart*   [2]*maneuvers, tricks*

Debido a estas circunstancias, no es de sorprender que, ahora que es mayor, Juan sea algo egocéntrico. Es decir, piensa más en sí mismo que en las otras personas. Lograr lo que él quiere es lo primero. El éxito de los demás no le interesa mucho.

Además de egocéntrico, Juan es muy cabezón. Cuando una idea se le mete en la cabeza, es muy difícil hacerle cambiar de modo de pensar. Cuando murió Carmen, su madre, es decir, la segunda esposa de don Fernando, Juan tuvo la idea de que la enterraran en La Gavia. No le importaba que Carmen hubiera dicho en su testamento que quería ser enterrada en su pueblo natal. Los otros hijos querían respetar los deseos de su madre, pero Juan no podía comprender por qué todos se oponían a los deseos de él.

A Juan le resulta muy difícil la situación que está viviendo con Pati. Ella tiene su propia carrera y, con el paso del tiempo, el teatro se ha convertido en una verdadera pasión para ella. A Juan le duele mucho no ser el centro de su vida. Además, es evidente que Juan no ha tenido el mismo éxito que ella. Ramón le insinúa a Juan que tal vez tenga envidia del éxito profesional de Pati. Si esto es verdad, ¿es posible que la envidia destruya su matrimonio?

Entre la espada y la pared

The interactive CD-ROM to accompany *Destinos* contains additional practice with the video story line and will help you improve your skills in Spanish.

Preparación

VOCABULARIO			
Los verbos		**Los sustantivos**	
cambiar	to change (*money*)	el correo	mail; post office
enviar (envío)	to send	el correo aéreo	air mail
		la estampilla	stamp
		el sello	stamp
		el timbre (*Mex.*)	stamp

Actividad A.

¿Puedes completar el siguiente resumen de lo que pasó en el episodio previo?

1. se acostó / desapareció
2. buscarla / dar un paseo
3. se sentía muy bien, con mucha hambre / estaba muy cansado y sin apetito
4. su abuelo / su tío
5. la posible venta de La Gavia / la enfermedad de don Fernando
6. se quedó en casa / regresó al hospital para estar con su padre

En el episodio previo, Carlos le dijo a Ramón que Gloria _____.[1]

Después de pedirle el carro a Ramón, Carlos salió a _____.[2]

Mientras tanto, en el hospital, Roberto, ya despierto, _____.[3]

Después de comerse dos desayunos, Roberto conoció a _____.[4]

En casa de Pedro, los hermanos también desayunaron y hablaron de _____

_____.[5] Luego, Ramón, Pedro y Juan salieron para la hacienda. Mercedes, como de costumbre, _____.[6]

Actividad B.

Ya sabes que Pati se ha ido a Nueva York para resolver los problemas que tiene con la producción de su obra. En este episodio, va a hablar de esos problemas con su productor.

Paso 1

Lee una parte de su conversación y luego contesta la pregunta.

PRODUCTOR: Pati, veo que has regresado.

PATI: Hola, Manuel. Sí, regresé hace poco.

PRODUCTOR: Me alegro porque quiero hablar contigo sobre algunas cosas.

PATI: ¿Qué querías?

PRODUCTOR: ¿Sabes que esta obra me parece un poco controversial?

PATI: Si mal no acuerdo, me has dicho que es muy controversial.

PRODUCTOR: Pues, sí. Y hasta creo que ni siquiera la vamos a poder estrenar.

PATI: ¡¿Cómo?!

PRODUCTOR: No te enojes. Los patrocinadores me han dicho que no están... que no están dispuestos a seguir apoyando la obra a menos que cambies unas de las escenas más controversiales.

PATI: Manuel, no entiendo. Hemos discutido esto diez veces y te he dicho que no, que no pienso cambiar absolutamente nada.

PRODUCTOR: Pati, mira. O cambias las escenas, o cancelamos la producción. Así es.

PATI: ¿Cómo es posible que la opinión de unos cuantos señores sea causa para la cancelación de la obra?

PRODUCTOR: Bien sabes que «la opinión de unos cuantos señores» cuenta siempre. Cuenta en la televisión, cuenta en el cine, cuenta aquí en el teatro universitario. Y no solamente aquí en este teatro sino en todos los teatros universitarios en este país. Y la verdad es que esta obra tiene partes que son ofensivas para ciertas personas.

De las siguientes oraciones, ¿cuál describe mejor la conversación entre Pati y el productor?

a. Es una conversación calmada. Pati y el productor se llevan bien y pueden resolver algunos asuntos.

b. Es una conversación animada. Es obvio que Pati y el productor tienen ideas diferentes sobre una serie de asuntos.

Paso 2

Lee la conversación por lo menos una vez más y luego contesta las preguntas. Al leer, ten en cuenta que **patrocinadores** significa *sponsors* (*people who give money to fund productions*).

1.   Según el productor, ¿qué cosa importante tiene que hacer Pati?

   a.   _____   hacer unos cambios en la obra
   b.   _____   pasar más tiempo hablando con los patrocinadores
   c.   _____   darle una entrevista a un reportero del periódico de la universidad

2.   Según el productor, ¿qué pasará si Pati no sigue sus consejos?

   a.   _____   La obra no tendrá éxito.
   b.   _____   Él buscará a otro director.
   c.   _____   La obra se cancelará.

Para pensar...

En tu opinión, ¿cuál va a ser la respuesta de Pati a las demandas del productor? ¿Hará ella los cambios? ¿Qué sabes de Pati que te ayudará a determinar lo que hará?

Para comprender un poco más

me/le cansa	Algunas personas siempre se quejan de las mismas cosas. Realmente **me cansa** estar con ellas.
mandón/mandona	La mamá de Raquel es una persona muy **mandona**. Siempre les dice a todos lo que deben hacer.
me importa un comino	¡**Me importa un comino** lo que puedan decir los demás! ¡No me importa para nada!

. . . AFTER VIEWING

¿**T**ienes buena memoria?

¿QUÉ RECUERDAS?

Actividad A.   Preguntas

Contesta brevemente las siguientes preguntas sobre el **Episodio 40**.

1.   ¿Qué necesita comprar Roberto? ¿Por qué? _____

2.   Según Manuel, ¿cuál es el problema con la obra de teatro que dirige Pati? _____

   _____

3.   ¿Qué necesita comprar Ángela en el correo? _____

4.   Según Raquel, ¿cómo es su mamá? _____

5. ¿Y su papá? _____

6. ¿Quién es la señora que visita La Gavia? _____

7. Según Guillermo, ¿cuál es el problema entre Pati y Juan? _____

8. ¿Adónde tienen que llevar a don Fernando? ¿Por qué? _____

Actividad B.   ¡Busca el intruso!

Para cada grupo de nombres, lugares, acciones o palabras, subraya el que no les corresponde a los otros.

1. el correo, la tarjeta postal, el timbre, el hospital

2. las ruinas indígenas, los patrocinadores, controversial, cancelar la obra

3. Pati, Guillermo, la agente de bienes raíces, la envidia

4. cambiar dinero, Roberto, el hospital, dar de alta

Actividad C.   ¿Cierto o falso?

Indica si las siguientes afirmaciones son ciertas (**C**) o falsas (**F**).

C   F   1. Ángela y Raquel necesitan cambiar dinero.
C   F   2. Pati está dispuesta a hacer cambios en la obra de teatro.
C   F   3. La obra de teatro que dirige Pati no es controversial.
C   F   4. Raquel y su madre tienen personalidades iguales.
C   F   5. Don Fernando se prepara para regresar a La Gavia.

ACTIVIDADES

Actividad A.   ¿A quién se refiere?

Indica al personaje descrito en cada oración.

a. Raquel   d. Carlos   g. la agente de bienes raíces
b. Arturo   e. Mercedes   h. Pati
c. Roberto   f. don Fernando   i. el productor de Pati

1. _____ Le dan de alta en (*They release him from*) el hospital.
2. _____ Lo tienen que llevar a otro hospital.
3. _____ No quiere hacer ningún cambio en un proyecto.
4. _____ Amenaza con cancelar un proyecto.
5. _____ Confiesa que su madre es un poco mandona a veces.
6. _____ Tiene un cliente que quiere comprar La Gavia.
7. _____ Tiene que ir de compras porque no tiene ropa.
8. _____ Va a ir con su padre a Guadalajara.
9. _____ Se sentó a hablar con su ayudante.
10. _____ No puede acompañar a su padre a Guadalajara.

Actividad B.   Pati y su ayudante

Como sabes, después de hablar con el productor, Pati también habló largamente con Guillermo, su ayudante en el teatro. ¿Cuánto recuerdas de su conversación?

1. ¿Quién inició la conversación, Pati o Guillermo? _____

2. ¿De qué hablaron, de la obra o de Juan? _____

3. ¿Cree Guillermo que era necesario que Pati regresara a Nueva York, por la obra?

   _____

4. ¿Qué idea le dio Guillermo a Pati, que Juan tiene miedo o envidia de ella? _____

   _____

Para pensar...

Piensa un momento en la conversación entre Pati y su ayudante. ¿Qué tipo de relaciones existe entre ellos? ¿Crees que hace mucho tiempo que se conocen?

Actividad C.   Raquel y sus padres

Durante este episodio, Raquel le habló a Ángela de sus relaciones con sus padres. ¿Recuerdas lo que dijo?

1. Según Raquel, su madre... es muy simpática / es un poco mandona.
2. Raquel... se lleva bien / trata de llevarse bien ...con su madre.
3. En cambio, su padre... es muy machista / es una persona muy tranquila.

Para pensar...

¿Qué opinas de las relaciones entre Raquel y su madre? ¿Son parecidas a las relaciones que tienes (o tenías) tú con tu propia madre? ¿con tu padre? ¿Es muy común entre padres e hijos el tipo de tensión que describe Raquel?

# Intercambio

Paso 1

Imagínate que, entre las cosas de un pariente recién fallecido (*deceased*), encuentras unos sellos. Consultas con un experto y averiguas que valen un total de $50.000. ¿Venderías los sellos o te quedarías (*keep*) con ellos?

Paso 2

Con otras dos personas, discutan la situación y explica lo que harías. ¿Harían todos lo mismo? ¿Bajo qué circunstancias harías lo opuesto?

Paso 3

Un grupo debe presentar sus ideas a la clase. Los demás deben decir después si están de acuerdo o no. Como clase, discutan los factores que influyen en sus decisiones.

Más allá del episodio: Pati

Pati es una persona muy independiente. Tuvo una infancia muy distinta de la de Juan. Viene de una familia de la clase obrera, y nunca supo lo que es tenerlo todo, como Juan. Al contrario, desde muy niña, aprendió el valor de las cosas. En su casa no había sitio para mimos.[1] Ella era la segunda de tres hermanos, y en todo caso era su hermano mayor, el único varón de la familia, quien recibía algún trato especial.

[1]*spoiling, special treatment*

[1]*spoiling, special treatment*

¿Es el carácter tan fuerte de Pati lo que contribuye a crear los problemas que tiene con Juan?

Para Pati, nada ha sido fácil. Es realista, práctica y luchadora.[2] Siempre tuvo que esforzarse mucho[3] para conseguir lo que quería. Mientras estudiaba en la universidad, también tuvo que trabajar. Y como mujer en una profesión tradicionalmente dominada por los hombres, ha tenido que luchar para poder triunfar.

Comenzó su carrera profesional como ayudante de un director, así como Guillermo lo es ahora de ella. Un día el director se enfermó y Pati se presentó al teatro con la intención de dirigir los ensayos en lugar de él. Al llegar, descubrió que el productor le había dado esa oportunidad a otra persona, a un hombre. Pati nunca ha olvidado esta buena lección en el arte de la política.

Pati está muy enamorada de su esposo. También quiere mucho a toda la familia Castillo, especialmente a Mercedes. Para ella, Mercedes es mucho más que su cuñada; es una verdadera hermana y amiga. Pero, con todo, su trabajo es lo fundamental. No es por dinero, como a veces se lo reprocha Juan. Ella sabe que los dos podrían vivir sin que ella tuviera que trabajar. (Pero hay que admitir que viven cómodamente[4] por su salario.)

Lo que pasa es que Pati necesita trabajar para su realización personal. Por eso no comprende cómo Juan es incapaz de valorar su trabajo, a pesar de todo lo que significa para ella y todo el esfuerzo que le ha costado llegar adonde está. Desde luego, no está dispuesta a dejarlo por la cabezonería de Juan. ¿Tendrá Pati que elegir entre su trabajo y su esposo? ¿De quién depende la respuesta a esta pregunta? ¿de ella... o de Juan?

[2] *fighter*   [3] esforzarse... *exert a lot of effort*   [4] *comfortably*

Algo inesperado

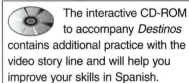

The interactive CD-ROM to accompany *Destinos* contains additional practice with the video story line and will help you improve your skills in Spanish.

BEFORE VIEWING . . .

Preparación

VOCABULARIO

Los verbos	**Los sustantivos**	**Los adjetivos**
jugar (ue) por dinero to gamble	**el vicio** bad habit	**inesperado/a** unexpected

---

Actividad A.

¿Te acuerdas de lo que pasó en el **Episodio 40**? Indica si las siguientes oraciones son ciertas (**C**) o falsas (**F**).

C F 1. A Roberto le dieron de alta en el hospital.

C F 2. Antes de ir a conocer a don Fernando, Roberto quería ir al hotel para cambiarse de ropa.

C F   3. En Nueva York Pati tenía problemas graves con el productor de su obra.

C F   4. El productor quería que Pati hiciera unos cambios en la obra.

C F   5. Más tarde Pati le contaba a su esposo los problemas que tenía en el teatro.

C F   6. En México, le informaron a la familia Castillo que el especialista vendría a la capital para examinar a don Fernando.

Actividad B.

En este episodio, Ángela y Roberto comienzan a hablar de la venta del apartamento en San Juan. Como sabes, el tío Jaime le dijo a Raquel por teléfono que había una oferta para comprarlo.

Lee la conversación y trata de captar los puntos más importantes. Luego contesta las preguntas.

ROBERTO: Pero, ¿qué necesidad hay de vender el apartamento? Nos criamos en ese apartamento. Está lleno de recuerdos.

ÁNGELA: Precisamente. A mí me dan tristeza los recuerdos.

ROBERTO: ¿Quieres decir que no tienes otros motivos?

ÁNGELA: ¿Qué otros motivos podría tener?

ROBERTO: Sabes bien a qué me refiero.

ÁNGELA: ¡Pues no! ¡No lo sé! Dímelo tú... A ver, dímelo.

ROBERTO: Esto ya lo hablamos hace una semana. Ángela quiere darle parte del dinero a su novio Jorge.

ARTURO: ¿Y acaso no es legítimo el motivo de Ángela?

ROBERTO: ¿Legítimo?

ARTURO: Que pienses distinto a tu hermana, no quiere decir que ella esté equivocada. Ambos tienen el mismo derecho, ¿no es cierto? Miren. Todos hemos pasado por momentos difíciles. Ahora debemos contentarnos con que estemos sanos y vivos. ¿Entienden? Esto del apartamento lo pueden discutir más tarde, cuando estén más tranquilos. Además, no dejen que una sola oferta los tiente.

1. ¿Cuál es la reacción de Roberto?

    a. _____ Roberto está de acuerdo con la venta del apartamento.

    b. _____ Roberto se opone a la idea de venderlo.

2. ¿Cuál es el intento de Arturo?

    a. _____ Quiere calmar a sus sobrinos.

    b. _____ Trata de convencer a Ángela de su error.

3. ¿Sabe Roberto por cierto que Ángela quiere darle dinero a Jorge, su novio?

_____

4. ¿Qué les aconseja Arturo?

    a. _____ Que esperen, que dejen el asunto por el momento.

    b. _____ Que piensen bien lo que quieren hacer.

    c. _____ Que lo consulten con un abogado.

Para pensar...

1. ¿Has notado que Raquel no dijo nada durante la conversación? ¿Por qué crees que se queda callada?

2. ¿Qué opinas de la forma en que Arturo se comportaba con sus sobrinos? Acaba de conocerlos. ¿Crees que es apropiado que les esté aconsejando de esta manera?

Para comprender un poco más

gruñón/gruñona La tía Olga es la **gruñona** de la familia. Siempre se queja o encuentra defectos en todo.

rezongón/rezongona No me gusta levantarme. Por eso por la mañana soy la persona más **rezongona** del mundo. Después de las diez, es otra cosa.

. . . AFTER VIEWING

¿Tienes buena memoria?

¿QUÉ RECUERDAS?

Actividad A.   Preguntas
Contesta brevemente las siguientes preguntas sobre el **Episodio 41**.

1. ¿Por qué entró sola Raquel en la habitación del hospital? _____

2. ¿Qué vio Raquel cuando entró en la habitación? _____

3. ¿Qué quiere hacer Ángela con el apartamento en San Juan? _____

4. Según Roberto, ¿cuáles son los motivos que tiene Ángela para vender el apartamento?
    _____

5. ¿Cuál es el problema de Gloria? _____

6. ¿Por qué no le habló Carlos a su familia del problema de Gloria? _____

7. Y ahora, ¿adónde va Juan? _____

8. ¿Quién llegó al hotel y preguntó por Raquel? _____

Actividad B.   ¡Busca el intruso!
Para cada grupo de nombres, lugares, acciones o palabras, subraya el que no les corresponde a los otros.

1. don Fernando, jugar por dinero, el hospital, los exámenes médicos
2. gruñón, Gloria, jugar por dinero, un vicio
3. la venta, el apartamento, la discusión, Guadalajara
4. Juan, los problemas, un vicio, Nueva York

Actividad C.   ¿Cierto o falso?
Indica si las siguientes afirmaciones son ciertas (**C**) o falsas (**F**).

C   F   1.   Ángela y Roberto por fin conocieron a su abuelo.
C   F   2.   Los habitantes de Guadalajara se llaman tapatíos.

C   F   3.   A don Fernando le gusta mucho la comida del hospital.
C   F   4.   Arturo les da consejos a Roberto y Ángela sobre la venta del apartamento.
C   F   5.   Carlos dice que tiene un vicio: jugar por dinero.

ACTIVIDADES

Actividad A.   El repaso de Raquel

Al final de cada episodio de *Destinos*, has escuchado el repaso de Raquel. En esta actividad, vas a leer el repaso del **Episodio 41** otra vez, pero ¡ahora tú tienes que dar las respuestas!

Lee las preguntas de Raquel con cuidado y contéstalas.

1.   En unos minutos voy a salir con Arturo a cenar. Me gustaría estar a solas con él... tranquilos... sin que nadie nos moleste. Hoy fuimos al hospital para ver a don Fernando. Yo entré sola. ¿Recuerdan por qué?
2.   Bueno, yo entré al cuarto de don Fernando, pero ¿qué pasó en este momento? ¿Qué encontré al entrar?
3.   Bueno, más tarde, mientras caminábamos, recordé que Ángela tenía que hacer algo. Tenía que llamar a alguien. ¿A quién tenía que llamar?
4.   Jaime había recibido una oferta para vender el apartamento en San Juan. ¿Cómo reaccionó Roberto al oír esto?

Actividad B.   La familia Castillo

Como sabes, al principio de este episodio, don Fernando sale para Guadalajara, acompañado por Mercedes. Pero había otros acontecimientos importantes también. ¿Puedes completar las siguientes oraciones?

Verbos: jugar al *bridge*, jugar por dinero, llamar a Pati, llevar a don Fernando a Guadalajara, salir para el aeropuerto, vender La Gavia

Sustantivos: una enfermedad física, un vicio

Lugares: Guadalajara, Nueva York

Personas: don Fernando, Gloria, Pati

Adjetivos: culpable, preocupado

1.   Carlos le revela a su familia su secreto: Gloria tiene... Tiene que...
2.   En este momento, Carlos se siente... Cree que hablan de... por lo que él ha hecho con el dinero de la oficina en Miami.
3.   Juan escucha parte de la confesión de Carlos, pero luego se levanta y... Va a... para ver a...

Para pensar...

Algunas personas fácilmente llegan a ser adictas al juego. ¿Conoces tú a alguien que tenga este problema? ¿Conoces a alguien que tenga otro tipo de adicción? Habla con algunos amigos para ver lo que piensan de la adicción de Gloria.

Nota cultural: El regateo

Bargaining (**regatear**, **el regateo**) is a common custom in many Spanish-speaking countries, but only in certain locations: in markets, in some small shops and stalls, with street vendors who are selling objects (but not food). In other places—supermarkets, boutiques, department stores—prices are fixed (**los precios son fijos**) and one must pay the stated price. If objects in a store do not have a price written on a tag, it is possible that the seller will bargain. You can ask: **¿Son fijos los precios?** The worst that can happen is that the vendor will say yes.

In the video episode there is a brief example of the bargaining process. It can be as simple as giving a counter offer when a price is quoted. At times the seller will accept your offer. If not, he or she will make another offer, which you can accept, reject, or counter. If the price is not reduced to an acceptable level, you can walk away in the expectation that the seller might call after you to accept your last offer.

Bargaining can be fun, but you can also lose out on an item that you really want . . . unless you are prepared to take the seller's last offer!

Intercambio

Paso 1

Completa cada oración con algo lógico. Las oraciones no se refieren a ningún episodio en particular así que no tienes que limitarte al episodio actual. Pero trata de apuntar también cuándo y dónde ocurrió cada situación.

1. Pedro le dijo a Raquel que ella tendría que

   _____.

2. En un momento, Raquel pensó que sería necesario

   _____.

3. Ángela decidió que tendría que

   _____.

4. Arturo pensó que Raquel necesitaría

   _____.

5. Pati se dio cuenta de que tendría que

   _____.

Paso 2

En grupos de tres, cada persona debe leer sus oraciones. ¿Pueden los otros dos dar la información de cuándo y dónde ocurrió cada situación? Después, escojan las tres situaciones más difíciles de deducir para luego presentárselas a la clase. ¿Pueden los demás decir cuándo y dónde habría pasado cada situación? En general, ¿cuánto recuerdan de los episodios previos?

Más allá del episodio: Gloria

Gloria tiene el vicio del juego. ¿Qué debe hacer para curarse?

Gloria tiene un problema serio: el juego.[1] Como el alcohol o cualquier droga, es una adicción que no puede superar.[2] Pero antes Gloria no tenía este problema.

Gloria descubrió el juego poco tiempo después de casarse. Carlos y ella fueron a pasar una semana a Puerto Rico y allí, por primera vez, entró en un casino. Esa noche, jugó tímidamente, pero al jugar experimentó algo que nunca había sentido hasta entonces. Una curiosa sensación se apoderó de[3] ella. Más tarde, en el hotel, pensando en todas las cosas bonitas que había visto, recordó las luces del casino, la gente y el ruido[4] de la ruleta. De nuevo sintió que aquel vértigo se apoderaba de ella.

De regreso a casa, todo volvió a la normalidad. Un día, unas amigas convencieron a Gloria para que pasara un fin de semana con ellas en Atlantic City. Fue entonces cuando verdaderamente descubrió su pasión por el juego. Las máquinas tragamonedas[5] la hipnotizaron. Y desde entonces empezó a jugar sin descanso, cayendo en una seria adicción.

Aquella noche perdió todo el dinero que llevaba además del que les pidió prestado[6] a sus amigas. Empeñó[7] el reloj e incluso la alianza[8] para poder seguir jugando. Cuando se despertó a la mañana siguiente, se dio cuenta de lo que había hecho. Desesperada, llamó a Carlos. Su esposo vino a buscarla y recuperó lo que ella había empeñado. Pero nunca pensó seriamente que su esposa se había convertido en una jugadora.

Poco tiempo después, Gloria fue a Las Vegas, sola. Ya no necesitaba que la convencieran las amigas... y tampoco quería que ellas la acompañaran. Sus amigas iban a jugar para pasar el rato,[9] para divertirse, para charlar jugando. Gloria iba para jugar en serio, porque sentía la compulsión de jugar. Allí en Las Vegas pasó toda una semana jugando y fue entonces cuando empezaron los otros problemas. Gloria, ya completamente adicta al juego, empezó a firmar cheques sin fondos y a hacer promesas que no podía cumplir. Otra vez, Carlos fue a buscarla y a sacarla del apuro.[10]

Por suerte para Gloria, Carlos siempre ha ido a buscarla. Pero las cosas han llegado demasiado lejos. El problema de Gloria ya se ha convertido, en cierto sentido, en el problema de todos, por la conexión con lo de la oficina en Miami. Para curarse Gloria necesitará ayuda profesional. Como pasa con todas las adicciones, el problema de Gloria se basa en su personalidad. ¿Podrá Gloria dejar de jugar? ¿Tendrá coraje para llamar a Jugadores Anónimos?

[1]*gambling* [2]*control* [3]*se... took control of* [4]*sound, noise* [5]*máquinas... slot machines* (lit. *coin swallowers*) [6]*pidió... she borrowed* [7]*She pawned* [8]*wedding ring* [9]*pasar... to while away time* [10]*sacarla... get her out of trouble*

Yo invito

The interactive CD-ROM to accompany *Destinos* contains additional practice with the video story line and will help you improve your skills in Spanish.

BEFORE VIEWING . . .

Preparación

VOCABULARIO

Los verbos
ordenar (*Mex.*) to order (*a meal*)

Los sustantivos
el aperitivo   appetizer
el plato principal entrée
el postre   dessert
la propina   tip

Actividad A.

Contesta las siguientes preguntas sobre el **Episodio 41**.

1. ¿Sí o no? ¿Han llegado Ángela y Roberto a un acuerdo sobre la venta del apartamento?
2. ¿Cierto o falso? Ángela y Roberto no pueden conocer a su abuelo todavía.
3. En casa de Pedro, Carlos

    a. _____ confesó que había sacado fondos de la oficina.
    b. _____ admitió que tenía problemas en manejar el dinero.

42

Yo invito

 The interactive CD-ROM to accompany *Destinos* contains additional practice with the video story line and will help you improve your skills in Spanish.

BEFORE VIEWING . . .

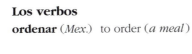
Preparación

VOCABULARIO

Los verbos		Los sustantivos	
ordenar (*Mex.*)	to order (*a meal*)	el aperitivo	appetizer
		el plato principal	entrée
		el postre	dessert
		la propina	tip

Actividad A.

Contesta las siguientes preguntas sobre el **Episodio 41**.

1. ¿Sí o no? ¿Han llegado Ángela y Roberto a un acuerdo sobre la venta del apartamento?
2. ¿Cierto o falso? Ángela y Roberto no pueden conocer a su abuelo todavía.
3. En casa de Pedro, Carlos

    a. _____ confesó que había sacado fondos de la oficina.
    b. _____ admitió que tenía problemas en manejar el dinero.

Más allá del episodio: Gloria

Gloria tiene el vicio del juego. ¿Qué debe hacer para curarse?

Gloria tiene un problema serio: el juego.[1] Como el alcohol o cualquier droga, es una adicción que no puede superar.[2] Pero antes Gloria no tenía este problema.

Gloria descubrió el juego poco tiempo después de casarse. Carlos y ella fueron a pasar una semana a Puerto Rico y allí, por primera vez, entró en un casino. Esa noche, jugó tímidamente, pero al jugar experimentó algo que nunca había sentido hasta entonces. Una curiosa sensación se apoderó de[3] ella. Más tarde, en el hotel, pensando en todas las cosas bonitas que había visto, recordó las luces del casino, la gente y el ruido[4] de la ruleta. De nuevo sintió que aquel vértigo se apoderaba de ella.

De regreso a casa, todo volvió a la normalidad. Un día, unas amigas convencieron a Gloria para que pasara un fin de semana con ellas en Atlantic City. Fue entonces cuando verdaderamente descubrió su pasión por el juego. Las máquinas tragamonedas[5] la hipnotizaron. Y desde entonces empezó a jugar sin descanso, cayendo en una seria adicción.

Aquella noche perdió todo el dinero que llevaba además del que les pidió prestado[6] a sus amigas. Empeñó[7] el reloj e incluso la alianza[8] para poder seguir jugando. Cuando se despertó a la mañana siguiente, se dio cuenta de lo que había hecho. Desesperada, llamó a Carlos. Su esposo vino a buscarla y recuperó lo que ella había empeñado. Pero nunca pensó seriamente que su esposa se había convertido en una jugadora.

Poco tiempo después, Gloria fue a Las Vegas, sola. Ya no necesitaba que la convencieran las amigas... y tampoco quería que ellas la acompañaran. Sus amigas iban a jugar para pasar el rato,[9] para divertirse, para charlar jugando. Gloria iba para jugar en serio, porque sentía la compulsión de jugar. Allí en Las Vegas pasó toda una semana jugando y fue entonces cuando empezaron los otros problemas. Gloria, ya completamente adicta al juego, empezó a firmar cheques sin fondos y a hacer promesas que no podía cumplir. Otra vez, Carlos fue a buscarla y a sacarla del apuro.[10]

Por suerte para Gloria, Carlos siempre ha ido a buscarla. Pero las cosas han llegado demasiado lejos. El problema de Gloria ya se ha convertido, en cierto sentido, en el problema de todos, por la conexión con lo de la oficina en Miami. Para curarse Gloria necesitará ayuda profesional. Como pasa con todas las adicciones, el problema de Gloria se basa en su personalidad. ¿Podrá Gloria dejar de jugar? ¿Tendrá coraje para llamar a Jugadores Anónimos?

[1]*gambling* [2]*control* [3]*se... took control of* [4]*sound, noise* [5]*máquinas... slot machines* (lit. *coin swallowers*) [6]*pidió... she borrowed* [7]*She pawned* [8]*wedding ring* [9]*pasar... to while away time* [10]*sacarla... get her out of trouble*

Para pensar...

Cuando Raquel baje para ir a cenar con Arturo, se va a encontrar con Luis y con Arturo. ¿Qué harías tú en esta situación? ¿Cómo le presentarías a Luis a Arturo? ¿Invitarías a Luis a cenar?

Actividad B.

Paso 1

Luis les va a hablar a Raquel y Arturo de su vida profesional. Lee una parte de lo que les dice y luego contesta la pregunta.

RAQUEL: Y tú, Luis, ¿qué has hecho durante todos estos años? ¿Sigues trabajando en la misma compañía?

LUIS: No. Al poco tiempo de estar en Nueva York, encontré una mejor oferta de trabajo. Así que renuncié a mi antiguo puesto y me fui a esta nueva compañía. Me ha ido muy bien; no me puedo quejar. Soy ahora vicepresidente de la compañía.

Según lo que acabas de escuchar, Luis es una persona...

a. _____ vanidosa.   b. _____ discreta.   c. _____ sencilla.

Paso 2

Lee la conversación una vez más. Luego completa las oraciones.

1. En su vida profesional, Luis ha tenido... mucho/poco ...éxito.
2. La intención de Luis al decir esto es... irritar/impresionar ...a Raquel.

. . . AFTER VIEWING

¿Tienes buena memoria?

¿QUÉ RECUERDAS?

Actividad A. Preguntas

Contesta brevemente las siguientes preguntas sobre el **Episodio 42**.

1. ¿Dónde se hospeda Luis? _____

2. ¿De qué hablaron Raquel, Arturo y Luis mientras cenaban? _____

3. ¿Dónde se conocieron Raquel y Luis? _____

4. ¿Quién pagó la cena? _____

5. ¿Qué piensan Ángela y Roberto de Raquel? _____

6. ¿Qué bebidas pidieron Raquel, Arturo y Luis con la cena? _____

7. Según Raquel, ¿quién invitó a Luis a ir a México? _____

Actividad B. ¡Busca el intruso!

Para cada grupo de nombres o palabras, subraya el que no les corresponde a los otros.

1. el postre, la pulsera, un regalo de Arturo, Raquel
2. la propina, la cuenta, el plato principal, la sorpresa
3. los camarones, las margaritas, el pollo en mole, las enchiladas verdes
4. el vicepresidente, Arturo, Luis, Los Ángeles

Actividad C. ¿Cierto o falso?

Indica si las siguientes afirmaciones son ciertas (**C**) o falsas (**F**).

C F 1. Raquel se sorprendió al ver a Luis.
C F 2. Raquel, Arturo y Luis cenan en el restaurante del hotel.
C F 3. Luis cree mucho en la terapia psicológica.
C F 4. Luis es vicepresidente de una compañía en los Estados Unidos.
C F 5. A Arturo no le gustó nada que Luis cenara con Raquel y él.

ACTIVIDADES

Actividad A. En este episodio

¿Te acuerdas de los acontecimientos más importantes de este episodio? Completa el siguiente resumen.

Personas: Arturo, Luis, Raquel

Verbos: esperaba a Pati, había salido a tomar algo, hablaba con Pati, hablando mucho, pagando la cuenta, salieron a cenar

Cuando Raquel bajó en el ascensor para reunirse con Arturo, para su gran sorpresa

_____¹ estaba allí también. _____² invitó a

Luis a acompañarlos, y los tres _____.³ Raquel terminó

_____.⁴ Más tarde, poco antes de acostarse Raquel, sonó el teléfono.

¿Quién sería?

En Nueva York, Juan _____⁵ en su apartamento, pero ella no

regresó. Después de ensayar con los actores, _____⁶ con su asistente.

Actividad B. Momentos importantes

¿Recuerdas estas escenas? Léelas y escribe la letra de la foto a que corresponde.

a.

b.

c.

1. _____
2. _____
3. _____
4. _____
5. _____

1. ARTURO: Hola, Raquel.
   RAQUEL: ¿¿¿Luis???
   LUIS: Sí, Raquel, soy yo.
   RAQUEL: ¡Vaya sorpresa! ¿Y qué haces aquí?

LUIS: Acabo de llegar a México.

RAQUEL: ¿Estás alojado aquí en este hotel?

LUIS: Sí.

RAQUEL: Disculpen. Arturo, él es Luis Villarreal. Es un... viejo amigo mío. El doctor Arturo Iglesias es un buen amigo de Argentina.

2. LUIS: ¿En qué trabaja Ud., Arturo?

ARTURO: Soy psiquiatra. Y también doy clases en la universidad.

LUIS: No sé si creo en la terapia psicológica. ¿No cree Ud. que las personas deben resolver sus problemas por su propia cuenta?

ARTURO: Bueno. Eso depende del problema, ¿no? Si Ud. sufriera una enfermedad física grave, ¿no consultaría con un médico?

3. GUILLERMO: ¿Vamos a tomar algo?

PATI: Bueno. Me alegro de tener tu compañía.

GUILLERMO: ¿Sí? Pues entonces tú puedes invitar. Toma tu chaqueta.

4. LUIS: Y Uds., ¿dónde se conocieron?

ARTURO: En Buenos Aires.

LUIS: Vaya. ¿Y qué hacías tú en Buenos Aires?

RAQUEL: Ah, asuntos de trabajo. Hacía una investigación. Es una larga historia...

5. RAQUEL: Luis, Arturo y yo íbamos a cenar. ¿Quieres cenar con nosotros?

LUIS: No, gracias. No quisiera ser una molestia. Yo...

ARTURO: Por favor, no hay ninguna molestia.

RAQUEL: Anda, ven...

LUIS: Bueno, si insisten. Pero yo invito.

ARTURO: ¡Faltaba más! Invito yo.

LUIS: No, señor. ¡Yo los invito!

Actividad C.   ¿Qué recuerdas?

Raquel, Arturo y Luis hablaron mucho durante la cena. Indica quién hizo cada acción.

a. Raquel
b. Arturo
c. Luis

1. _____ Habló de su trabajo y de cómo le ha ido bien en todo.
2. _____ Tuvo que defenderse de una crítica a su profesión.
3. _____ Recordó una conversación previa y se dio cuenta de quién era la otra persona.
4. _____ Pagó la cuenta. No dejó que otras personas la pagaran.
5. _____ Jugaba con algo que llevaba y dijo que era un regalo.

Para pensar...

1. Después de esta cena, ¿qué impresión tienes de Luis? ¿Cómo es su personalidad? ¿Crees que Raquel todavía siente algo por él? Y Arturo, ¿qué estará pensando esta noche?

2. Al final del episodio, el teléfono suena en la habitación de Raquel. ¿Quién será?

Nota cultural: En un restaurante hispánico

The customs related to eating out in the Hispanic world do not vary as greatly as the names for the different food items. You may wish to note the following.

- In Spain and in other parts of the Spanish-speaking world, the term **servicio** (which often appears on a restaurant check) refers to the waiter. **El servicio está incluido** means that the tip has been included in the bill.
- When the tip is included, it is customary to leave the waiter any small change that is returned to the table (unless service has been really awful). Only if the service has been especially good or if the waiter has had to do something extraordinary does one add a substantial amount to the tip.
- Raquel orders a bottle of red wine with a direct command to the waiter: **Traiga una botella de vino tinto**. However, one would not limit oneself to direct commands only, because in many places this would seem abrupt or even impolite. Note the following examples: **¿Me trae (un tenedor), por favor?** A request can also be made with a direct statement: **Me trae (un tenedor), por favor.**
- When Hispanic friends go out, it is customary for one of them (the person who says **Yo invito**) to pay the check. When the check is shared, the occasion is referred to as going out **a la americana**.

Intercambio

Paso 1

Contesta cada pregunta a continuación.

1. Si estuvieras en un restaurante y al camarero se le olvidó algo en la cuenta, ¿qué harías? _____

2. Si estuvieras con unos amigos en un restaurante y vieras que un cliente salió sin pagar la cuenta, ¿qué harías? _____

3. Si estuvieras de primera cita con alguien y esa persona ofreciera pagar la cuenta, ¿qué harías? _____

4. Si tú fueras Raquel en este momento sabiendo que Luis todavía te tenía un cariño especial, ¿qué harías? _____

5. Si tú fueras Pati (o Juan) con los mismos problemas matrimoniales, ¿qué harías?

   _____

Paso 2

Cada persona debe presentar sus respuestas a la clase mientras el profesor / la profesora anota la información en la pizarra y marca ideas repetidas.

Paso 3

Como clase, analicen la información en la pizarra. ¿Qué tendencias morales y éticas indican las respuestas de la clase a los números 1 a 3? ¿Qué indican las respuestas a 4 y 5 en cuanto a la manera en que resolverían estos tipos de conflictos personales?

Más allá del episodio: Luis

Luis era —y sigue siendo— un hombre muy ambicioso. ¿Cómo es que esto ha afectado su vida personal?

Para muchas personas, la felicidad consiste en triunfar económicamente. Quieren subir la escalera socioeconómica. Al mismo tiempo con frecuencia buscan ascender en su profesión. El tener una posición importante en una empresa trae consigo no sólo dinero sino también poder. Para lograr esto, a veces es necesario sacrificar algo de la vida personal.

Algunos dirían que Luis Villarreal es una de estas personas. Pero para Luis, el éxito en la profesión es algo más. Porque, para él, una persona vale solamente por lo que tiene. Es decir, el valor de una persona se basa no en quién es sino en los bienes materiales que posee.

Desde muy joven Luis pensó que la medida del éxito era tener un auto deportivo (rojo, de ser posible), trajes italianos, vacaciones en lugares exóticos, frecuentar los restaurantes y bares más caros y de moda y, cómo no, tener también a su lado a una bella mujer.

Como la familia de Luis no era muy rica, siempre concentró toda su energía en sus estudios. Pensaba que una buena educación sería la llave perfecta para tener mucho éxito en su profesión. Nunca le molestó sacrificarse para realizar sus ambiciones. Cuando, al terminar sus estudios, tenía que elegir entre su carrera y su amor, no vaciló ni lo dudó por un instante. Prefirió su carrera.

Luis quería a Raquel; de eso no hay duda. Pero al mismo tiempo hay que admitir que siempre la veía como un objeto. Apreciaba sus cualidades como quien valora los detalles de un auto clásico. Ahora Raquel se ha convertido en algo más especial. Como él, tiene mucho éxito en su profesión. Al regresar a Los Ángeles, decidió recuperarla. Ni siquiera pensó por un instante que Raquel no pudiera tener ya ningún interés en él.

Su plan comenzó con una llamada a la casa de los padres de Raquel. Y ahora lo ha llevado a México. ¿Podrá Luis recuperar a Raquel? ¿Sentirá ella por él lo que sentía antes?

Seremos cuatro

 The interactive CD-ROM to accompany *Destinos* contains additional practice with the video story line and will help you improve your skills in Spanish.

BEFORE VIEWING . . .

Preparación

VOCABULARIO

Los verbos

confirmar	to confirm
hacer una reservación	to make a reservation

Los sustantivos

el baño privado (con ducha)	private bath (with shower)
la habitación (individual/doble)	(single/double) room
la playa	beach
la tarifa	rate, price

Actividad.

Paso 1

Identifica a las personas a quienes se refieren las siguientes oraciones.

a.   Raquel   b. Pati   c. Arturo   d. Luis   e. Juan

1.   _____ Esperaba a *alguien* en un apartamento en los Estados Unidos.
2.   _____ Durante una cena, se encontraba entre *dos personas que se observaban con atención.*
3.   _____ Durante una cena, observaba a *un posible rival.*
4.   _____ Le sorprendió la llegada de *una persona de su pasado.*
5.   _____ Se enteró del papel de *otra persona* en el viaje de *alguien* a México.

Paso 2

Ahora, ¿puedes sustituir la información indicada con bastardilla por el nombre de una persona o personas?

1.   _____   2. _____   3. _____   4. _____   5. _____

Para pensar...

La madre de Raquel la ha puesto en una situación complicada... difícil. Si tú fueras Raquel, ¿qué harías?

1.   ¿Llamarías a tu mamá para hablar con ella? ¿Qué le dirías?
2.   ¿Hablarías con Arturo en seguida? ¿O esperarías que él no supiera quién era Luis?

Para pensar...

Al final del **Episodio 42**, alguien llamó a Raquel por teléfono. En tu opinión, ¿quién fue?

Para comprender un poco más

la censura	En algunos países los escritores no pueden decir siempre lo que piensan porque hay un sistema de **censura** oficial.
se hace tarde	En un momento Raquel ve que **se** le **hace tarde**. Se va en seguida para no llegar tarde.

. . . AFTER VIEWING

¿ **T** ienes buena memoria?

¿QUÉ RECUERDAS?

Actividad A. Preguntas
Contesta brevemente las siguientes preguntas sobre el **Episodio 43**.

1. ¿Por qué no está contento Juan con su carrera? _____

2. ¿Cuándo va a regresar don Fernando a la Ciudad de México? _____

3. ¿Adónde quiere ir Arturo a pasar el próximo fin de semana? _____

4. ¿Cuántas habitaciones quiere reservar Arturo? _____

5. ¿Adónde quiere ir Raquel el próximo fin de semana? _____

6. ¿Qué tipo de alojamiento quiere reservar Luis en Zihuatanejo? _____

7. ¿Con quién habla Ángela la primera vez que llama a Puerto Rico? _____

8. ¿Quién contesta el teléfono cuando Ángela llama a Jorge? _____

Actividad B. ¡Busca el intruso!
Para cada grupo de nombres, lugares o palabras, subraya el que no les corresponde a los otros.

1. la agencia de viajes, Zihuatanejo, Arturo, la playa

2. Luis, las cabañas, Cozumel, el viaje para dos personas

3. Ángela, una mujer, la llamada telefónica, hacer una reservación

4. Raquel, el avión, Guadalajara, la playa

Actividad C. ¿Cierto o falso?
Indica si las siguientes afirmaciones son ciertas (**C**) o falsas (**F**).

C F 1. Raquel se encuentra con Luis a solas por la noche.
C F 2. Pati se enoja al ver a Juan en Nueva York.
C F 3. Arturo prefiere un plan de vacaciones que incluya los mejores hoteles.
C F 4. Luis quiere pasar el fin de semana con Arturo y Raquel.
C F 5. Raquel quiere ir a Guadalajara en tren.

ACTIVIDADES

Actividad A. ¿A quién se refiere?
Indica a qué personaje se refiere cada oración.

a. Raquel   d. Juan   g. Roberto
b. Arturo   e. Ángela   h. don Fernando
c. Luis   f. Mercedes

1. _____ Llamó a Raquel por teléfono después de llegar a su habitación.
2. _____ Le prometió a Luis reunirse con él mañana... a solas.

3. _____ Asustó a su esposa en su apartamento.
4. _____ Le iban a hacer un examen médico.
5. _____ Hizo reservaciones para cuatro personas en un hotel de Cozumel.
6. _____ Hizo reservaciones para dos personas en un hotel de Zihuatanejo.
7. _____ Hizo reservaciones para tres o cuatro personas en un hotel de Guadalajara.
8. _____ Hizo una llamada y se sorprendió cuando una mujer desconocida contestó el teléfono.

Actividad B. Detalles
Completa las oraciones con la información apropiada.

1. Juan le confiesa a Pati que no está muy contento con su carrera porque

   a. _____ quiere trabajar en el teatro y no ha tenido éxito.
   b. _____ no tiene una posición estable en la universidad.
   c. _____ los libros que ha escrito no le han producido suficiente dinero.

Para pensar...

¿Qué va a pasar con Juan y Pati, ahora que Juan le ha confesado a ella lo que realmente le pasa? ¿Es posible que se separen por un tiempo? ¿que se divorcien? ¿O crees que ahora se podrán reconciliar?

---

2. Cuando piensa en Luis, Raquel recuerda el momento en que

   a. _____ se conocieron en una fiesta.
   b. _____ Luis le dijo que se iba a Nueva York.
   c. _____ se besaron por primera vez.

3. En la agencia de viajes, Arturo

   a. _____ sólo hizo las reservaciones; no compró los billetes.
   b. _____ lo arregló todo, sin haber hablado con Raquel.
   c. _____ llamó a Raquel al hotel para consultarla.

4. En la agencia de viajes, Luis

   a. _____ sólo hizo las reservaciones; no compró los billetes.
   b. _____ lo arregló todo, sin haber hablado con Raquel.
   c. _____ llamó a Raquel al hotel para consultarla.

Para pensar...

Arturo y Luis (y también Raquel) han ido a la misma agencia de viajes, pero no hicieron la misma cosa. ¿Qué diferencias de su personalidad revelan las acciones de Arturo y Luis en esta situación? ¿Cómo crees que Raquel va a reaccionar cuando sepa lo que los dos han hecho?

---

5. Hoy Ángela, Roberto y Arturo piensan

   a. _____ hacer una gira por México.
   b. _____ ir a Guadalajara a conocer a don Fernando.
   c. _____ hablar más del asunto del apartamento.

ntercambio

Paso 1

Si has quedado en un hotel durante las vacaciones, apunta información sobre el hotel (económico, de lujo, con baño privado, etcétera), el lugar (en la playa, en las montañas, cerca de un parque temático, etcétera) y las actividades disponibles en el hotel. Si no has quedado en un hotel nunca, inventa información sobre un hotel interesante. Prepara también preguntas sobre hoteles.

Paso 2

Entrevista a tu compañero/a sobre un hotel en el que se ha alojado. Contesta sus preguntas sobre tu experiencia. Comparen los hoteles que describen y presenten la información a la clase.

Más allá del episodio: Más sobre Raquel

Anoche Raquel pasó una velada[1] muy difícil. Sentada entre Arturo y Luis, a ratos[2] no podía evitar sentirse ajena[3] a todo, su mente estaba muy lejos de allí, en otro tiempo, en otro lugar. Trataba de recordar qué fue lo que tanto le atrajo[4] a Luis.

El Luis que ella conoció era un joven agradable, trabajador y seguro de sí mismo. Ambicionaba grandes cosas y le gustaba hablar de sus aspiraciones. Raquel, aunque también tenía sus ambiciones y una carrera por delante,[5] era un poco inocente. La manera en que Luis la trataba le hacía incapaz de ver la cara[6] negativa de su personalidad.

Además Luis era muy divertido y siempre estaba lleno de sorpresas. Recordó que una vez para su cumpleaños, Luis consiguió una orquesta de mariachis para llevarle una serenata.[7] Pero la sorpresa no terminó ahí. El mismo Luis estaba cantando entre los músicos. En sus recuerdos Raquel todavía podía ver la cara risueña[8] de Luis mientras cantaba. Se divertía, pero más que eso, estaba muy contento de sí mismo por haber arreglado una sorpresa tan estupenda para su novia. Y además, era una sorpresa que todo el mundo podía ver, no sólo ella.

A veces Raquel intuía cierta distancia entre Luis y ella, pero no le daba gran importancia. Desde luego, jamás se dio cuenta de la faceta calculadora de su novio. Confiaba plenamente[9] en él. Si ocurría algo que le molestaba o que le parecía raro, Raquel se decía que sólo eran pequeñas nubes en el cielo brillante de su amor. Siempre pensaba que, con el tiempo, las cosas se arreglarían.[10]

Raquel tampoco ha olvidado el día en que Luis le dijo que se iba a Nueva York. Estaban charlando, durante el almuerzo, cuando él le comentó que le habían ofrecido un puesto muy bueno y que lo había aceptado. Se quedó perpleja, mirándolo fijamente. Después de un rato consiguió que las palabras salieran de su boca. «¿Y qué pasa con nosotros? Todavía me falta un año para graduarme.» A lo que él contestó sin darle mayor importancia: «No quiero perder esta oportunidad.» Raquel no podía dar crédito a sus oídos, ni siquiera[11] pudo reaccionar.

[1]*evening out* [2]*a... from time to time* [3]*distanced, separate* [4]*attracted* [5]*por... ahead of her* [6]*side* [7]*serenade* [8]*smiling* [9]*fully*
[10]*se... would get better* [11]*ni... not even*

Tampoco sabía si ahora, después de tanto tiempo, había conseguido asimilar todo aquello. ¿Estaba todo olvidado o es que la sorpresa había hecho renacer viejos sentimientos? ¿Qué va a hacer Raquel ahora que Luis ha vuelto a su vida? ¿Qué quiere ella de él? ¿lo mismo que antes? ¿O es que Raquel ha cambiado?

Se dice que todo se olvida con el tiempo. Y Raquel, como muchas personas, al pensar en el pasado, se acuerda más de las cosas positivas que de las negativas.

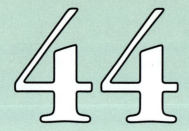

Una promesa y una sonrisa

The interactive CD-ROM to accompany *Destinos* contains additional practice with the video story line and will help you improve your skills in Spanish.

BEFORE VIEWING . . .

Preparación

VOCABULARIO

Los verbos
desenchufar   to unplug

Los sustantivos
el baloncesto   basketball
el buceo   scuba diving
el deporte   sport
el esquí acuático   water skiing
la promesa   promise

Actividad.

¿Cuánto recuerdas de lo que pasó en el episodio previo? Contesta las preguntas.

1. ¿Quién llamó a Raquel por la noche después de cenar con Arturo y Luis?

    _____

2. ¿Qué quería esa persona? ¿Quería ver a Raquel o sólo quería hablar con ella por teléfono?

    _____

3. ¿Qué le prometió Raquel a esa persona?

    a. _____ Reunirse con él en cinco minutos.
    b. _____ Verla* al día siguiente.

4. ¿Quién fue a la agencia de viajes para pedir información, Arturo o Luis? ¿Y cuál

    de los dos compró pasajes para dos a un lugar romántico? _____

    _____

5. ¿Sabe Raquel algo de lo que pasó en la agencia de viajes? _____

    _____

Para pensar...

En el episodio previo, Raquel recordó una conversación que tuvo con Luis hace unos años. ¿Recuerdas de qué hablaron en esa conversación? ¿Qué noticias le dio Luis a Raquel en aquel entonces?

Para pensar...

Al final del episodio previo, Ángela llamó a Puerto Rico, al apartamento de Jorge, su novio. Para su gran sorpresa, una mujer contestó el teléfono. ¿Quién era esa mujer? ¿Crees que por fin Ángela va a comprender por qué a los demás no les gusta Jorge?

. . . AFTER VIEWING

¿**T**ienes buena memoria?

¿QUÉ RECUERDAS?

Actividad A. Preguntas

Contesta brevemente las siguientes preguntas sobre el **Episodio 44**.

1. Cuando Ángela llamó a Jorge, ¿quién contestó el teléfono? _____

    _____

*La is used as the object pronoun because the grammatical referent is **persona**.

2.   ¿Por qué llama la señora López de Estrada a Ramón? _____

3.   ¿Quién llama a Raquel cuando ella está en su habitación? _____

4.   ¿Cuál es la sorpresa que Luis le tiene a Raquel? _____

5.   ¿Cómo reacciona Raquel a la sorpresa que Luis le da? _____

6.   ¿En qué pensaba Arturo mientras miraba un mural de Diego Rivera? _____

_____

Actividad B.   ¡Busca el intruso!

Para cada grupo de nombres, lugares o palabras, subraya el que no les corresponde a los otros.

1.   el baloncesto, el mural, el buceo, la natación

2.   Rivera, Siqueiros, Oller, Orozco

3.   el Museo de Antropología, el estadio olímpico, los murales, la catedral

4.   los deportes, los Juegos Olímpicos, México 1968, la Piedra del Sol

Actividad C.   ¿Cierto o falso?

Indica si las siguientes afirmaciones son ciertas (**C**) o falsas (**F**).

C   F   1.   Carlos practicaba muchos deportes cuando era niño.
C   F   2.   Raquel sale con Ángela, Arturo y Roberto a visitar la ciudad.
C   F   3.   Ángela, Arturo y Roberto visitan el estadio olímpico.
C   F   4.   Diego Rivera era muy nacionalista y se identificaba con el indio mexicano.
C   F   5.   Los murales de Rivera y Siqueiros son muy parecidos porque ambos pintores usaban la misma técnica.

ACTIVIDADES

Actividad.

¿Qué pasó en el episodio? Indica si las siguientes oraciones son ciertas (**C**) o falsas (**F**).

Raquel y Luis

C   F   1.   Luis sorprendió a Raquel con dos boletos para un viaje romántico a Zihuatanejo.
C   F   2.   Raquel mostró mucho interés en el viaje que le propuso Luis.

Ángela, Roberto y Arturo

C   F   3.   Ángela se enfadó con Jorge porque había una mujer en el apartamento de él.
C   F   4.   Roberto llevó a su hermana y a su tío a ver un poco la Ciudad de México.
C   F   5.   Al volver los tres al hotel, fueron con Raquel a La Gavia a ver a don Fernando, quien había regresado de Guadalajara.

La familia Castillo

C   F   6.   Para el final del episodio, Gloria todavía no había regresado.
C   F   7.   Los niños de Carlos no saben bien lo que pasa con su mamá. (¡OJO! Piensa también en los episodios previos.)
C   F   8.   Cuando Juan se levantó, vio que Pati estaba por salir. Se abrazaron y después ella se fue a dar unas clases.
C   F   9.   Al hojear una revista, Juan encontró un anuncio para un hotel. Se le ocurrió que él y Pati deberían pasar unas vacaciones juntos.
C   F   10.   Ramón le dijo a la agente de bienes raíces que la nueva oferta de su cliente estadounidense no le interesa a la familia.

Para pensar...

1. Como sabes, cuando Luis le dio a Raquel los pasajes para el viaje de vacaciones con él, ella se molestó. ¿Qué piensas de la reacción de ella? ¿Crees que tenía razón o que debería haber reaccionado de otra manera? ¿Cómo va a influir este incidente en lo que Raquel le va a decir a su mamá?

2. Ahora que has visto este episodio, ¿puedes explicar el significado del título, «Una promesa y una sonrisa»? ¿Significa lo que tú creías que significaba antes de ver el episodio?

Nota cultural: Los deportes en el mundo hispánico

In addition to being a matter of individual taste, preferences in sports are also a matter of social class and location. Many families, like their counterparts in the United States, like to go into the countryside to have a picnic or a cookout and to play sports like soccer, volleyball, or badminton. In urban areas, jogging is becoming more common, as are the oriental martial arts such as kung fu and tai chi.

With regard to team sports, soccer is definitely one of the favorite sports in the Spanish-speaking world. Games are not telecast as often as they are in the United States, but **la Copa Mundial de fútbol** (the World Soccer Cup) is a major television event that few fans miss. In addition to international competition, many countries have leagues, and fans are fiercely loyal to their city's team.

In the Caribbean, baseball is without question the leading sport, and many Hispanic baseball players come to the United States to play in the major and minor leagues.

Finally, although not as popular as it once was, **la corrida de toros** (*bullfighting*) is still the favorite sport of many people, especially in Spain (where the bull is killed) and in Mexico (where it is not). The question of whether bullfighting is a sport or an art is still debated by some. Nevertheless, it seems fair to say that younger generations are less taken with this sport than their parents and grandparents have been.

Intercambio

Paso 1

Pensando en lo que sabes de los otros compañeros de clase, ¿a quién o quiénes podrían corresponder las siguientes oraciones? Apunta los nombres de los compañeros que, en tu opinión, habían hecho cada una de las siguientes cosas.

Antes de llegar a la universidad, alguien

1. había hecho viaje en barco. _____

2. había roto (*broken*) una pierna esquiando. _____

3. había aprendido a jugar al golf o tenis muy joven. _____

4. no había jugado al fútbol nunca. _____

5. había sido atleta en la escuela secundaria. _____

6. había nadado en el Océano Pacífico. _____

7. había _____. _____

Paso 2

Túrnense para dar los nombres que apuntaron para cada número del **Paso 1**. Deben seguir el orden para comparar sus ideas.

Paso 3

Ahora, túrnense para decir qué habían hecho del **Paso 1** y para qué sus compañeros lo adivinaron.

Más allá del episodio: La Gavia

Al terminar su conversación con la agente de bienes raíces, Ramón tiene muchas dudas. ¿Qué deben hacer los hermanos con La Gavia? No hay respuestas fáciles. Por una parte, Ramón piensa en los problemas financieros de la compañía Castillo Saavedra. Por otra parte La Gavia ha sido un elemento muy importante en la vida de la familia. Esta tarde, sentado en la biblioteca, Ramón contempla esas cuestiones al mismo tiempo que mira unas fotos de la hacien-da... fotos que le recuerdan el pasado de La Gavia.

La Gavia, cerca de la ciudad de Toluca. Aquí, don Fernando piensa en su pasado... y en su futuro.

Al principio del siglo XX, La Gavia era una gran hacienda. Porfirio Díaz era entonces el presidente de México y gobernó el país por más de treinta años. Durante su gobierno, progresaron algunas industrias, pero la agricultura sufrió... y también sufrió el pueblo mexicano. La gran mayoría de las tierras estaba en manos de unos pocos hacendados, mientras que los pobres pasaban hambre.

El 1910, Porfirio Díaz perdió las elecciones y Francisco Madero fue elegido presidente. Pero Díaz no aceptó su derrota[1] electoral y Madero tuvo que actuar contra él. Así comenzó la Revolución mexicana. En el sur del país, Emiliano Zapata inició un ataque contra el gobierno. En el norte, otro revolucionario, Pancho Villa, también se rebeló. La Revolución se convirtió rápidamente en una lucha de los pobres contra los ricos... y contra el gobierno, que se identificaba con éstos. Como era símbolo de la clase rica, La Gavia, como muchas otras haciendas, fue destruida.

¿Por qué don Fernando compró una hacienda en ruinas? Cuando vio La Gavia por primera vez, abandonada y en ruinas, recordó su tierra y en particular el pueblo de Guernica. Pensó en la guerra y en el sufrimiento que causa. Pensó en las vidas destruidas por la guerra, en el hambre, en las atrocidades. Supo en ese momento que La Gavia era un símbolo. Por eso don Fernando no dudó en comprarla. Tenía que reconstruir lo que la guerra había destruido. Así, tal vez, podría olvidarse de un pasado triste.

Ahora, aunque don Fernando no lo sabe, su sueño está a punto de desaparecer.

[1]*defeat*

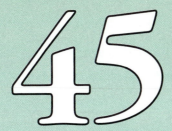

¡Estoy harta!

The interactive CD-ROM to accompany *Destinos* contains additional practice with the video story line and will help you improve your skills in Spanish.

BEFORE VIEWING . . .

Preparación

VOCABULARIO

Los verbos

actuar (actúo) + *adverb*	to act + *adverb*
portarse + *adverb*	to act + *adverb*
prestar atención (a)	to pay attention (to)

ser...	to be . . .
amigo íntimo / amiga íntima	a close friend
desunido/a	fragmented

Los adjetivos

grosero/a rude

Las palabras adicionales

estar harto/a (de/con) to be fed up (with)

Actividad.

Contesta las siguientes preguntas según lo que recuerdas del episodio previo.

1. ¿Quiénes fueron a conocer la Ciudad de México?

   a. _____ Arturo, Raquel y Ángela
   b. _____ Ángela, Arturo y Roberto
   c. _____ Raquel, Luis y Arturo

2. ¿Con qué sorprendió Luis a Raquel?

   a. _____ con su plan de mudarse a Los Ángeles
   b. _____ con su plan de casarse con ella lo antes posible
   c. _____ con su plan de pasar el fin de semana con ella en Zihuatanejo

3. ¿Qué pasó con don Fernando?

   a. _____ El especialista lo autorizó a volver a su casa.
   b. _____ El especialista quería hacerle otros exámenes.
   c. _____ Su condición mejoró muchísimo.

4. ¿Qué pasó con Gloria?

   a. _____ Regresó a casa por fin.
   b. _____ La seguían esperando todos.
   c. _____ Llamó para decir que regresaría pronto.

Para pensar...

1. En este episodio, Juan va al teatro donde Pati está ensayando con los actores. ¿Qué le va a decir Juan a ella? ¿Crees que él ha llegado a una conclusión sobre lo que él debería hacer?

2. También en este episodio, los padres de Raquel llegan a México. ¿Cuál ha sido la actitud de María, la madre de Raquel, hacia Arturo hasta ahora? (Recuerda que Raquel le ha hablado por teléfono varias veces.) ¿Crees que su actitud será igual cuando María y Arturo se conozcan por fin? ¿Y qué le va a decir Raquel a su madre en cuanto al viaje de Luis a México?

...AFTER VIEWING

¿Tienes buena memoria?

¿QUÉ RECUERDAS?

Actividad A.   Preguntas

Contesta brevemente las siguientes preguntas sobre el **Episodio 45**.

1. ¿Qué ha decidido Juan? _____

2. ¿Qué le dice el médico a Mercedes sobre don Fernando? _____

_____

3.   ¿Qué consejo le da don Fernando a la enfermera? _____

_____

4.   ¿Cómo se llama esta enfermera? _____

5.   ¿De qué hablan Arturo y Raquel mientras toman café en el hotel? _____

_____

6.   ¿Qué les dice Arturo a Ángela y Roberto sobre sus planes para el futuro, con respec-

to a sus relaciones con Raquel? _____

7.   ¿Por qué se pelea Raquel con su mamá? _____

8.   ¿Cómo se porta María con Arturo? _____

9.   Al final del episodio, ¿quiénes salen a cenar? _____

Actividad B.   ¡Busca el intruso!

Para cada grupo de nombres, lugares, acciones o palabras, subraya el que no les corresponde a los otros.

1.   don Fernando, dar de alta, buenas noticias, regresar a La Gavia

2.   grosera, el insulto, María Rodríguez, Luis

3.   la invitación, María Rodríguez, Arturo, Luis

4.   ser amigo íntimo, ser desunido, portarse amigablemente, llevarse bien

Actividad C.   ¿Cierto o falso?

Indica si las siguientes afirmaciones son ciertas (**C**) o falsas (**F**).

C   F   1.   Juan le pide a Pati que regrese con él a La Gavia.
C   F   2.   Don Fernando por fin va a regresar a La Gavia.
C   F   3.   Gloria por fin regresa después de estar ausente.
C   F   4.   Raquel y su madre cuentan chistes durante el episodio.
C   F   5.   Raquel le dice a Luis que quiere ir con él a Zihuatanejo.

ACTIVIDADES

Actividad A.   ¿Qué pasó en el episodio?

Indica si las siguientes oraciones son ciertas (**C**) o falsas (**F**).

Raquel

C   F   1.   Raquel se enteró de que Luis es la causa de su situación difícil.
C   F   2.   Raquel y su madre se enojaron la una con la otra.
C   F   3.   Arturo habló con Raquel sobre un viaje a Cozumel, posiblemente con sus
                 padres.
C   F   4.   De momento, Raquel piensa que Luis es más considerado que Arturo.

Ángela y Roberto

C   F   5.   No tenían ningún interés en las relaciones entre Arturo y Raquel.
C   F   6.   Bajaron para ir a cenar con los padres de Raquel y los demás.

La familia Castillo

C   F   7.   Las noticias sobre la salud de don Fernando eran buenas.
C   F   8.   Juan decidió regresar a México sin Pati.
C   F   9.   Gloria todavía no ha vuelto a casa.
C   F   10.   Don Fernando regresará a La Gavia mañana.

Actividad B.   Raquel y su madre

Ésta es una parte de la conversación que Raquel tuvo con su madre en la habitación de sus padres, pero faltan algunas frases. ¿Puedes completar la conversación?

1.   yo soy el problema / sí, todo es mi culpa
2.   lo que tú le dijiste a / lo que hiciste con
3.   Lo insultaste. / No le hablaste.
4.   Para mí, es un extraño. / Para mí, no es nadie.
5.   quién puede ser algún día / quién es para mí

RAQUEL: El verdadero problema que tengo eres tú.

MADRE: Ah, _____.[1] Mira, ¡yo no vine de tan lejos para que mi propia hija me insultara!

RAQUEL: ¿Que yo te insulto? ¿Y qué fue _____[2] Arturo?

MADRE: No comprendo.

RAQUEL: ¿No comprendes? ¡Te portaste muy grosera con él! _____.[3] Actuaste como si fuera un extraño, como si fuera nadie.

MADRE: _____.[4]

RAQUEL: ¡No importa quién es Arturo para ti! Lo que importa es _____.[5] Arturo es mi amigo, e insultarlo a él es como insultarme a mí.

Intercambio

Paso 1

Piensa en la discusión entre Raquel y su mamá María. Luego, escribe una respuesta breve a las siguientes preguntas.

1.   ¿Debería haber hecho Raquel (*Should Raquel have done*) algo diferente? _____

_____

2.   ¿Debería haber reaccionado María tal como reaccionó? _____

_____

3.   ¿Qué debería haber hecho el papá de Raquel, Pancho? _____

_____

Paso 2

En grupos de tres, compartan sus ideas. ¿Están de acuerdo? Luego, decidan qué respuestas quieren presentarle al resto de la clase. Sólo pueden presentar una respuesta para cada pregunta.

Paso 3

Cada grupo debe presentar sus ideas a la clase. ¿Hay ideas semejantes? ¿Qué piensan todos del papel de Pancho en la discusión?

Más allá del episodio: Raquel y su madre

Para María, Raquel es lo primero. Y Raquel también quiere muchísimo a su mamá. Pero eso no significa que no tengan discusiones...

Como pasa en las relaciones entre muchas madres e hijas, las cosas entre Raquel y María Rodríguez a veces andan bien y a veces andan mal. Se quieren mucho, eso sí, y son muy unidas. Pero las diferencias en cuanto a lo que valoran en la vida las llevan de vez en cuando a tener serias discusiones.

No hay que olvidar que son de dos generaciones distintas y que fueron educadas en forma diferente. Como resultado, tienen personalidades muy distintas.

Raquel es una mujer moderna cuyo[1] concepto del mundo se formó de acuerdo con los valores de la sociedad mayoritaria de los Estados Unidos. Es muy inteligente y ha tenido buena formación[2] profesional. Precisamente por su profesión, sabe tratar a la gente cortésmente y, lo que es más, sabe obtener lo que quiere de los otros, a veces sin que éstos se den cuenta de ello. Esta sutileza[3] en su trato con los demás le ha ayudado mucho a Raquel en su vida profesional.

María, en cambio, es una mujer cuyas ideas se formaron en la cuna[4] de la familia mexicana tradicional. Sus padres se fueron de México durante la Revolución, pero llevaron consigo[5] todo un sistema de valores. Por eso, los valores de María son muy diferentes de los de Raquel; sus principios son más bien los de la cultura mexicana, los de la generación anterior.[6]

Podría describirse[7] bien la personalidad de María con dos palabras: dominante y cabezona. Es decir, a María le gusta mandar a los demás, hacer que hagan lo que ella quiere. «Flexible» no es una palabra que describa a María. Cuando se le mete una idea en la cabeza o se forma una opinión, no hay manera de hacerla cambiar de opinión. «Me equivoqué» es algo que María jamás ha dicho en la vida.

Un incidente en particular demuestra la clase de relaciones que han existido entre María y Raquel. A los dieciséis años, Raquel se preparaba para su primer baile de etiqueta[8] en la escuela secundaria. A la hora de buscar un vestido, María la llevó a un almacén en el centro de Los Ángeles. Mientras Raquel miraba unos vestidos, María miraba otros en otra parte del almacén.

Pronto Raquel encontró el vestido que más le gustaba. Era de color rosa, con pequeñas flores de seda y un tanto sexy. Cuando iba a mostrárselo a María, ésta llegó con el vestido que había encontrado. «¡Mira!», exclamó. «Éste es el vestido para ti. Parece hecho para ti.» Era un vestido azul, sencillo y de estilo muy conservador, serio. Cuando Raquel le mostró el que ella había encontrado, su mamá le dijo, sin detenerse[9] a mirarlo. «Éste que he encontrado yo es más bonito. Anda. Pruébatelo.[10]»

Raquel se probó los dos vestidos. Aunque le encantaba el vestido color rosa, dio la casualidad que le quedaba un poco grande. El azul le quedaba como un guante.[11] «¿Ves?» dijo María. «¿No te dije yo que era perfecto para ti?» La empleada les dijo que podrían arreglar el vestido rosa dentro de unos días si querían. Por un momento Raquel tenía esperanzas. Pero María no le dio ninguna oportunidad de hablar. «No», le dijo a la empleada. «Nos llevamos el azul.» Y así fue.

Quizá te parezca que el incidente del vestido tenga poca importancia. Pero demuestra cómo se fue desarrollando la manera en que María y Raquel se han relacionado a lo largo de los años. Sus relaciones no han cambiado mucho. Y ahora, no se trata de un vestido, sino[12] de un novio...

[1]*whose* [2]*training* [3]*subtlety* [4]*cradle* [5]*with them* [6]*previous* [7]*be described* [8]*de... formal* [9]*stopping* [10]*Try it on.* [11]*glove*
[12]*but rather*

46

Las empanadas

 The interactive CD-ROM to accompany *Destinos* contains additional practice with the video story line and will help you improve your skills in Spanish.

BEFORE VIEWING . . .

Preparación

VOCABULARIO	
Los sustantivos	
la empanada	turnover
el tiempo libre / los ratos libres	free time

Actividad A.

Completa las siguientes oraciones según lo que recuerdas del episodio previo.

1. En el episodio previo, Arturo le sugirió a Raquel que

    a. _____ fuera a Buenos Aires con él.
    b. _____ ellos fueran a Cozumel con sus padres.
    c. _____ invitaran a sus padres a cenar.

2. Raquel estaba muy impresionada por

    a. _____ el interés que Arturo mostraba en sus padres.
    b. _____ la fineza de Arturo al elegir un lugar tan bonito para su fin de semana.
    c. _____ el interés que Arturo tenía en ella.

3. En el hospital de Guadalajara, le dieron de alta a don Fernando,

    a. _____ pero su estado de salud no era bueno.
    b. _____ porque su estado de salud había mejorado mucho.
    c. _____ pero él no quería volver a La Gavia.

4. Juan le dijo a Pati que había decidido volver a México y que

    a. _____ ella tenía que volver con él.
    b. _____ ella tenía que elegir entre su carrera y su esposo.
    c. _____ entendía por fin por qué ella tuvo que volver a Nueva York.

5. Gloria volvió a casa de Ramón, y Carlos

    a. _____ se enojó mucho con ella.
    b. _____ le dijo que era hora de hablar seriamente.
    c. _____ le dijo que esta vez no pagaría sus deudas.

Actividad B.

¿Cuánto recuerdas de la llegada de los padres de Raquel? Indica solamente las oraciones que la describan.

1. _____ Raquel y sus padres conversaban en la habitación de Raquel cuando llegaron Ángela, Roberto y Arturo.
2. _____ Arturo actuó muy fríamente con sus padres.
3. _____ Cuando llegó Luis, la madre de Raquel ni lo saludó.
4. _____ Raquel se enojó con su madre y fue a su habitación para hablarle de su conducta.
5. _____ Arturo se sentía apenado; no quería intervenir entre Raquel y sus padres.
6. _____ Luis sospecha que Raquel está enamorada de Arturo.

¿Puedes modificar las oraciones que no indicaste para que sean verdaderas?

Para pensar...

¿Recuerdas cómo reaccionó Arturo ante la conducta de María Rodríguez? En su lugar, ¿cómo te sentirías tú? ¿Te sentirías como ella? ¿Qué harías tú si fueras Arturo? ¿Buscarías a los padres de Raquel para hablar con ellos? ¿Tratarías de hablar primero con Raquel?

Para comprender un poco más

fastidiar   A veces los niños **fastidian** a sus padres, sobre todo cuando hacen muchas preguntas... sólo por preguntar.

¿Tienes buena memoria?

¿QUÉ RECUERDAS?

Actividad A. Preguntas

Contesta brevemente las siguientes preguntas sobre el **Episodio 46**.

1. ¿Qué comida le trae María Rodríguez a su hija? ¿Por qué? _____

    _____

2. ¿Por qué María había invitado a Luis a ir a México? _____

3. ¿Qué le promete María a Raquel? _____

4. ¿De quién es el mensaje que recibe Raquel? _____

5. ¿Qué dice el mensaje? _____

6. ¿Adónde van Raquel, sus padres y Arturo para pasar el día? _____

7. ¿Quién llega a La Gavia por la tarde? _____

8. ¿A qué decisión llega Raquel sobre sus sentimientos hacia Arturo? _____

    _____

Actividad B. ¡Busca el intruso!

Para cada grupo de nombres, lugares, acciones o palabras, subraya el que no les corresponde a los otros.

1. jugar a las cartas, visitar un museo, estar enamorado, pasear

2. el monumento a los Niños Héroes, el Museo de Arte Moderno, los vendedores callejeros, las empanadas

3. Raquel y su madre, las empanadas, el Parque de Chapultepec, una conversación seria

4. Luis, comprar un teatro, un mensaje, regresar a Los Ángeles

5. jugar a las cartas, Jorge, Ángela, comprar un teatro

Actividad C. ¿Cierto o falso?

Indica si las siguientes afirmaciones son ciertas (**C**) o falsas (**F**).

C F 1. A Pancho le gusta jugar al tenis con los amigos en sus ratos libres.

C F 2. Arturo dice que tiene mucho tiempo libre.

C F 3. Pancho le dice a Arturo que su esposa cambiará la opinión que tiene de él cuando lo conozca mejor.

C F 4. Raquel le dice a su madre que no piensa irse a vivir a la Argentina.

C F 5. María le invita a Arturo a viajar a Guadalajara con ella, Pancho y Raquel.

ACTIVIDADES

Actividad A.   Raquel: Discusión, confesión

Hoy ha sido un día difícil e importante para Raquel. ¿Puedes completar el siguiente resumen de su repaso?

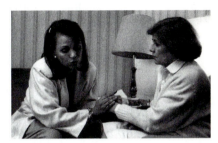

1. Le había hecho
    Le había comprado

2. disculparse con su hija
    empezar una conversación seria

3. cenar con ellos la otra noche
    venir a México

4. de las relaciones entre Raquel y Arturo
    del impacto que tuvo la investigación en la
       carrera de Raquel

5. Raquel se casara con Arturo
    Raquel se fuera a vivir a la Argentina

6. una llamada de Luis
    un mensaje de Luis

7. no lo quiere ver más en su vida
    sí está enamorada de Arturo

Esta mañana, la madre de Raquel vino a verla a su habitación. _____[1]

unas empanadas. Esto fue como una señal para Raquel porque su madre las usaba para

_____.[2]

   Mientras comían las empanadas, María le explicó a Raquel por qué había invitado a Luis a

_____.[3] En realidad lo hizo porque tenía miedo _____.[4]

No quería que _____.[5]

   María no debía de haberse preocupado. Raquel no quiere irse a vivir a la Argentina, pero

todavía no ha hablado con Arturo de todo esto.

   Al bajar a la recepción con su madre, Raquel recibió _____.[6] Él

ha regresado a Los Ángeles. Para Raquel, es mejor así porque ahora no le tiene que decir

que _____.[7]

Para pensar...

Raquel ha dicho algo muy importante al final de este episodio: «Estoy enamorada de Arturo.» Ahora ella tiene que tomar una decisión, ¿no? O, tal vez, varias decisiones. ¿Cuáles son las alternativas que tiene? ¿Qué harías tú si fueras ella?

Actividad B.   Las otras actividades

Mientras Raquel iba resolviendo algunos de sus problemas, los asuntos de los otros personajes también se iban resolviendo. En la siguiente página, describe cómo, haciendo oraciones completas con una frase de cada grupo.

1. ____ Ángela y Roberto decidieron que
2. ____ El padre de Raquel le dijo a Arturo
3. ____ Mientras paseaba con su esposo y su hija, María
4. ____ Por fin don Fernando
5. ____ Los otros miembros de la familia Castillo
6. ____ Al comentar con sus hermanos la posible venta de La Gavia, Mercedes les
7. ____ Raquel, Arturo y sus sobrinos

a. pudo regresar a La Gavia.
b. que su esposa cambiaría... a su manera.
c. llegaron a la hacienda también.
d. dijo que tenía una idea.
e. llegaron a La Gavia y conocieron a todos los de la familia.
f. no iban a vender el apartamento por el momento.
g. caminaba y hablaba muy amigablemente con Arturo.

Actividad C.   Dos conversaciones muy importantes

En este episodio, el padre de Raquel le ofrece un consejo al amigo de su hija. Al mismo tiempo, la madre de Raquel está hablando con su hija. Di si estás de acuerdo (**Sí**) o no (**No**) con las siguientes oraciones.

Sí No 1. A Pancho le gusta mucho Arturo.
Sí No 2. Parece que el padre de Raquel comprende bien a las personas.
Sí No 3. Es dudoso que Arturo se sintiera aliviado después de hablar con Pancho.
Sí No 4. Pancho quiere que Arturo y su esposa se lleven bien.
Sí No 5. Ésta es la primera vez que Raquel y su madre han tenido una conversación seria.
Sí No 6. Es probable que Raquel se mude a la Argentina.
Sí No 7. Raquel siente que Luis se haya ido.
Sí No 8. La madre de Raquel se va a portar mejor con Arturo en el futuro.

Nota cultural: Las diversiones en el mundo hispánico

As with sports activities, preferences in hobbies and pastimes—alone, with friends, or with family—are highly individual and are also greatly affected by social class and location. It is fair to suggest, however, that activities such as going to the movies and watching television are universally popular in the Spanish-speaking world.

Many families, like their counterparts in the United States, simply enjoy going out to the country to have a picnic or a cookout and to play sports such as soccer, volleyball, or badminton.

Two activities that are not widely practiced in the United States but that are an intimate part of Hispanic cultures throughout the world include **el paseo** and café-sitting.

- Going out for a walk with the family is a common, regular pastime for Hispanics wherever and whenever the weather permits. Especially around the midday meal and in the late afternoon, before the evening meal, the streets of many Hispanic cities are filled with people out for a walk. Sometimes errands and tasks are completed during the walk. Hispanics who come to the United States are often struck by the absence of people in the streets, especially at those times when Hispanic customs tell them that the streets should be bustling with people.

- Hispanics often combine the pleasant custom of café-sitting with the **paseo**. They have a cup of coffee (or tea, a beer, mineral water, **un jerez** . . .), chat with their companions, and watch people walk by. This is a relaxing way to run into friends and enjoy the sun on a warm day. Many individuals make it their habit to have an after-lunch cup of coffee or drink (**copa**) at a local café or bar.

ntercambio

Paso 1

Escribe cuatro oraciones sobre Raquel, una para cada país que visitó, describiendo lo que le ha pasado allí.

> MODELO: Si Raquel no hubiera aceptado la investigación al principio, nunca habría conocido a Arturo en Buenos Aires.

_____

_____

_____

_____

Paso 2

Túrnense para presentar oraciones sobre los cuatro países: España, la Argentina, Puerto Rico y México. Un voluntario debe marcar en la pizarra si cada oración describe un aspecto de la vida profesional de Raquel, de sus relaciones con Arturo, de sus relaciones con sus padres o de sus intercambios con otros personajes.

Paso 3

Ahora indica en qué aspecto de la vida de Raquel la clase se ha fijado más. Traten de explicar por qué.

ás allá del episodio: Raquel y su padre

ancho, el padre de Raquel, tiene un carácter muy distinto del de su esposa. Es un hombre muy práctico y sabe aceptar la vida como viene. No le agradan[1] las discusiones y particularmente le molesta cuando ocurran en casa. Cuando madre e hija discuten, Pancho trata de calmarlas sin tomar ningún partido.[2] Prefiere que la tormenta[3] se disipe antes de dar su opinión.

Pancho sabe que su esposa es muy dominante, pero la respeta mucho por su fuerza de voluntad y su espíritu de hierro.[4] Para él, como para el resto de la familia, María ha sido un apoyo muy fuerte en los momentos difíciles. Por su parte, Pancho representa el sentido común y la serenidad. En este sentido María y Pancho hacen una buena pareja.

Pancho también ha sido siempre el conciliador de la casa. Por eso intenta que su esposa comprenda que Raquel ya es toda una mujer, y que tiene derecho de organizar su vida como quiera. «Debes de moderar esa tendencia que tienes de proteger a Raquel. Ya no es una niña.» le repite con frecuencia. María está de acuerdo y asiente en silencio, pero... al poco tiempo lo olvida y vuelve a hacer lo mismo.

---

[1]No... No le gustan   [2]*side*   [3]*tempest, storm*   [4]espíritu... *iron will*

Raquel quiere mucho a su madre, pero sus relaciones con su padre
son muy especiales.

Entre Pancho y Raquel ha existido siempre una relación muy cariñosa y afectuosa. Padre e hija
siempre se han llevado muy bien. Para Raquel su padre es un buen amigo, y le gusta contarle todo
lo que le pasa y compartir con él sus problemas y alegrías. La visión realista y pragmática de
Pancho le ha servido de gran ayuda a Raquel. Por eso, para ella es importante contar con[5] la
opinión de su padre. Por su parte, Pancho ha sido con frecuencia el mediador entre madre e hija,
un papel que no siempre le ha sido fácil desempeñar. El mantener buenas relaciones con las dos
mujeres en medio de esas crisis familiares, a lo largo de tantos años le ha costado mucho trabajo a veces, pero casi siempre lo ha podido conseguir.

[5]contar... *to have available to her*

47

Tengo dudas

 The interactive CD-ROM to accompany *Destinos* contains additional practice with the video story line and will help you improve your skills in Spanish.

Preparación

VOCABULARIO

Los sustantivos

la duda	doubt
el huérfano / la huérfana	orphan

Actividad.

Completa el siguiente resumen del episodio previo con las palabras y frases apropiadas.

1. iban a poder curar a
   ya no había nada que hacer para
2. pasar sus últimos días con su familia
   pasarlo bien con sus nietos
3. Tampoco le caía muy bien a Pancho
   Le caía muy bien a Pancho
4. se fuera a vivir a la Argentina
   nunca más volviera a Los Ángeles
5. caerle bien a Arturo
   conocer a Arturo
6. venderlo al regresar a San Juan
   no venderlo por el momento
7. conocer a su abuelo paterno
   hablar de la venta de La Gavia

En Guadalajara, el médico le dijo a Mercedes que _____¹ don Fernando. Por eso le dieron de alta. Don Fernando sabía que regresaba a La Gavia para _____.²

Mientras tanto, Arturo pudo hablar con Pancho, el padre de Raquel. _____,³ quien le dio un consejo sobre María, la madre de Raquel. Al mismo tiempo que hablaban los dos hombres, Raquel y su madre también estaban conversando. María pudo confesarle a su hija que temía que _____.⁴ Más tarde, todos dieron un paseo juntos y María empezó a _____.⁵

Cuando Ángela y Roberto hablaron del apartamento, decidieron _____.⁶ Por la tarde, fueron a La Gavia con Arturo y Raquel para _____.⁷

Para pensar...

1. Al final del episodio previo, Ángela y Roberto entraron al cuarto de don Fernando. ¿Qué les va a decir su abuelo? Si tú fueras uno de sus nietos, ¿qué le querrías decir a don Fernando?
2. ¿Crees que los otros miembros de la familia tendrán dificultades en aceptar a Ángela y Roberto?

Para comprender un poco más

el orfanato Cuando los padres de un niño se mueren, éste generalmente va a vivir con otros parientes. Cuando eso no es posible, mandan al niño a **un orfanato**, donde vive con otros huérfanos como él.

¿**T**ienes buena memoria?

¿QUÉ RECUERDAS?

Actividad A. Preguntas

Contesta brevemente las siguientes preguntas sobre el **Episodio 47**.

1. ¿Qué le enseña Arturo a don Fernando? _____

2. ¿Qué piensa hacer Pedro con la oficina de Miami? _____

3. ¿Cuál es la idea de Mercedes para el futuro de La Gavia? _____

4. ¿Qué le pide Arturo a Raquel? _____

5. ¿Qué le responde Raquel a Arturo? _____

6. ¿Para qué quiere hablar Carlos con Arturo? _____

7. ¿Por qué llamó Jorge a Ángela? _____

8. ¿Qué dudas tiene don Fernando? _____

Actividad B.   ¡Busca el intruso!

Para cada grupo de nombres, lugares, acciones o palabras, subraya el que no les corresponde a los otros.

1. la terapia, el apoyo emocional, el teatro, el vicio

2. don Fernando, el orfanato, Ángela y Roberto, las dudas

3. Jorge, el teatro, la vocación, la cena

4. el orfanato, los huérfanos, La Gavia, estar enamorado

Actividad C.   ¿Cierto o falso?

Indica si las siguientes afirmaciones son ciertas (**C**) o falsas (**F**).

C   F   1. Raquel decide quedarse a cenar en La Gavia.
C   F   2. Raquel le dice a Arturo que todavía quiere a Luis.
C   F   3. Arturo le dice a Raquel que él se mudaría a Los Ángeles.
C   F   4. Arturo le aconseja a Carlos que Gloria reciba terapia psicológica.
C   F   5. Ángela no le va a ayudar a Jorge a seguir su vocación.

ACTIVIDADES

Actividad.   ¿Qué pasó con Raquel?

¿Puedes poner en orden cronológico los siguientes acontecimientos en que Raquel participó en este episodio?

a. _____ Arturo le contestó que él se iría a vivir a Los Ángeles.

b. _____ Raquel le dijo a Arturo que no podía irse a vivir a la Argentina.

c. _____ Hubo un encuentro emocionante entre don Fernando, Ángela, Roberto y Arturo.

d. _____ Raquel les dejó un mensaje a sus padres para decirles que no regresaba al hotel esta noche.

e. _____ Durante el paseo, Arturo le quería hablar de algo importante.

f. _____ Les dijo que iba a quedarse en La Gavia para cenar con la familia.

g. _____ Arturo y Raquel salieron a dar un paseo.

Para pensar...

Arturo le ha dicho a Raquel que está dispuesto a irse a vivir a Los Ángeles. Raquel le dice que debería pensarlo más, pero él no quiere. «Quiero actuar», le ha dicho a Raquel. ¿Crees que es una buena decisión? ¿Qué harías si tú fueras Raquel? ¿Y cómo van a reaccionar los padres de Raquel?

Intercambio

Paso 1

Como clase, piensen en las cosas que dos personas tienen que hacer para que sean felices como pareja. Un voluntario debe apuntar las ideas en la pizarra.

MODELO: Para que una pareja sea feliz, cada uno debe tener respeto para el otro.

Paso 2

En grupos de tres, revisen las ideas en la pizarra. ¿Cuántos pueden tener que ver con Raquel y Arturo? ¿Hay cosas particulares en cuanto a la relación entre ellos que no se reflejan en las ideas del **Paso 1**? Traten de decidir si Raquel y Arturo serán felices.

Paso 3

Ahora, cada grupo debe presentar sus conclusiones del **Paso 2**. Al final, la clase debe decidir si Raquel y Arturo serán felices o no. ¿En qué se basan sus ideas?

48

Así fue (I)

The interactive CD-ROM to accompany *Destinos* contains additional practice with the video story line and will help you improve your skills in Spanish.

Preparación

No es necesario hacer nada especial antes de ver el **Episodio 48**. Todo lo que ocurre lo has visto varias veces, pues son escenas de la investigación de Raquel en España. Raquel les va a contar a don Fernando y los demás lo que le pasó en esta parte de su viaje.

Antes de ver el episodio, piensa en todos los episodios que has visto y escuchado hasta ahora. ¿Te es más fácil ahora entender lo que dicen los personajes cuando hablan? ¿Captas más detalles ahora que antes? Es probable que entiendas mucho más ahora en comparación con lo que pudiste comprender cuando miraste los episodios por primera vez.

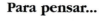

Para pensar...

En tu opinión, ¿quiénes son los personajes más importantes de la investigación de Raquel en España? Cuando piensas tú en el viaje de Raquel a España, ¿a quién(es) recuerdas inmediatamente? ¿Qué acontecimientos o información son de gran importancia para su investigación?

Algunos personajes de España

. . . AFTER VIEWING

Repaso de los Episodios 3–11

¿QUÉ RECUERDAS?

Actividad A.   Preguntas

Contesta brevemente las siguientes preguntas sobre el **Episodio 48**.

1.   ¿A qué país viaja Raquel para comenzar su investigación? _____

2.   ¿Cuál es la primera ciudad que visita Raquel? _____

3.   ¿Quién es Elena Ramírez? _____

4.   ¿Cómo se llaman los dos hijos de Elena Ramírez? _____

5.   ¿A qué ciudad tiene que ir Raquel para hablar con Teresa Suárez? _____

6.   ¿Quién es Alfredo Sánchez y a quién busca en el tren? _____

7.   ¿Adónde se fue a vivir Rosario después de la guerra? _____

8.   ¿Cómo se llama el hijo de Rosario y don Fernando? _____

9.   ¿Qué documento importante necesita Raquel antes de salir de España? _____

     _____

10. ¿Qué consejo le da Teresa Suárez a Raquel? _____

Actividad B.   ¡Busca el intruso!

Para cada grupo de nombres, lugares o palabras, subraya el que no les corresponde a
los otros.

1.   Madrid, Sevilla, Barcelona, Buenos Aires

2.   don Fernando, Elena Ramírez, Miguel, Jaime

3.   Alfredo, el reportero, Teresa Suárez, el tren

4.   Teresa Suárez, Rosario, Federico, Miguel

5.   Sevilla, el hotel, el certificado de nacimiento, Ángel Castillo

Actividad C.   ¿Cierto o falso?

Indica si las siguientes afirmaciones son ciertas (**C**) o falsas (**F**).

C   F   1.   Raquel encontró a Teresa Suárez en Sevilla.
C   F   2.   Raquel conoce a Elena Ramírez en un mercado de Sevilla.
C   F   3.   Raquel viajó de Sevilla a Madrid en avión.
C   F   4.   En España, Raquel ganó la lotería.
C   F   5.   Rosario vive ahora en Puerto Rico.

ACTIVIDADES

Actividad.   Lo que pasó en España

Paso 1

De los siguientes acontecimientos, ¿cuáles son los que Raquel les menciona a los
demás?

1.   _____ su llegada al hotel en Sevilla
2.   _____ cómo fue que no encontró a la Sra. Suárez en la calle Pureza
3.   _____ su visita a una iglesia en el barrio de Triana
4.   _____ cómo y dónde conoció a Elena Ramírez
5.   _____ su conversación con Miguel Ruiz, hijo de Teresa Suárez
6.   _____ el tiempo que pasó con la familia Ruiz y su aventura con Jaime y Osito,
             el nuevo perro del niño, cuando se perdieron en las calles del barrio de
             Santa Cruz
7.   _____ cómo y dónde conoció a Alfredo Sánchez, el reportero
8.   _____ el interés de Alfredo en el caso de don Fernando
9.   _____ cómo perdió y luego recuperó su cartera
10. _____ la confusión de Alfredo sobre la maestra de Sevilla que había ganado un
             premio de la lotería

11. _____ cómo y dónde conoció a Federico Ruiz y luego a la Sra. Suárez
12. _____ la conversación que tuvo con Teresa Suárez
13. _____ la cena que tuvo con Federico y Teresa Suárez en su apartamento
14. _____ cómo y dónde se despidió de la Sra. Suárez
15. _____ su visita al Museo del Prado
16. _____ su llamada a Elena Ramírez para pedirle que le consiguiera el certificado de nacimiento de Ángel Castillo

Paso 2
¿Puedes explicar por qué Raquel omitió algunos acontecimientos? En tu opinión, ¿debería haberlos incluido en la narración que le hizo a don Fernando? ¿Por qué sí o por qué no?

Para escribir

Raquel did not tell don Fernando about Jaime's losing Osito, nor did she talk about the fact that she left her wallet in a taxi in Madrid. But it's a fact that people lose things all the time. Osito escaped, which is one way that things "get lost." In the taxi, however, Raquel just left her wallet behind.

What kinds of objects do people tend to lose or leave somewhere, forgetting about them? What items *don't* people tend to forget or lose? In this composition, you will answer these questions and also explain why you think people forget the things they do. You will be writing for a classmate who will be answering the same questions. If possible, you should compare your composition with what another person taking the course has written. Your composition should be no fewer than 300 and no more than 500 words long.

Thinking About What You Will Write
In order to write this composition, the first thing you must do is to think about what information you will include. Spend a few minutes brainstorming, coming up with as many ideas as you can about objects that people lose and don't lose. When you have exhausted the possibilities that occur to you off the top of your head, try to narrow down your two lists to three items for each category. Then think about what those three items have in common; that is, why are they (or why are they not) "losable"? Select the best reason or reasons around which to organize your composition.

Now spend a few minutes thinking about objects you or people you know have lost. What were the consequences of the loss? Did someone get into trouble because of it? Did something amusing happen? Are any of these incidents related to the objects and reasons you selected in the first phase of your planning? Choose an incident that you might be able to use in your composition.

If you delete or add information later on, that is fine. For the moment, you are just trying to get started.

Organizing Your Composition
In order to write this composition, you must decide whether you will address your classmate directly in the composition. If so, think about whether you will use **tú** or **Ud.** to address him or her.

The next thing you need to do is to spend some time thinking about the organization (order) of the information and events you have selected. Will you start with general ideas or with a specific incident? Will you go back and forth from generalities to specifics, or focus exclusively on one type of information, then on another? Which approach makes the most sense to you at the moment? Write a brief outline of that approach.

Drafting

Paso 1

Now draft your composition. At this stage, you should not worry about grammar and spelling. Your goal is to get your ideas down on paper.

If you wish, you may select one of the following as the opening sentence in your composition. Doing so may help you get started.

> Yo nunca pierdo nada, pero mi hermano mayor pierde las cosas constantemente. Una vez...

> Entre todas las cosas que he perdido, la que me causó mayores dificultades fue...

> ¿Por qué perdemos las cosas? Algunos creen que la pérdida de un objeto siempre tiene una explicación psicológica.

> Una persona responsable nunca pierde nada. Sin embargo...

> Perder objetos es algo que casi todos hacemos.

Paso 2

After you have completed your draft, look over what you have done. Have you stuck to the goal of the composition, which was to describe what kinds of things people lose or don't lose and why? Have you presented your ideas coherently and clearly, regardless of the overall approach you took in the composition? Are you still satisfied with the information you selected? Do you want to add some things and delete others? Or go into more detail about certain events? If you decided to do so, did you address your classmate in the composition?

Finalizing Your Composition

If you are satisfied with the information contained in your draft, it is time to look it over for style and language.

Paso 1

First, look at your composition for style. Have you been consistent in the way you have addressed your classmate throughout (if you decided to address him or her directly)? Does the composition flow, or is it disjointed and choppy? Does it contain words and phrases that connect events, or is it mostly an accumulation of sentences? Remember to use words and phrases that can smooth out the flow of a composition and help express the sequence of events clearly.

Paso 2

Review your composition for the following language elements as well.

_____ gender of nouns   _____ use of object pronouns
_____ adjective agreement   _____ use of **por** and **para**
_____ subject and verb agreement   _____ comparisons
_____ correct verb forms   _____ relative pronouns

Paso 3

Prepare a clean copy of the final version of your composition for your instructor.

49

Así fue (II)

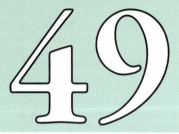

The interactive CD-ROM to accompany *Destinos* contains additional practice with the video story line and will help you improve your skills in Spanish.

BEFORE VIEWING . . .

Preparación

En este episodio, Raquel sigue contándoles a don Fernando y los demás de su investigación. Ahora les va a decir lo que pasó cuando estaba en Buenos Aires, Argentina.

Para pensar...

Seguramente que Raquel les va a hablar de la muerte de Rosario y de cómo llegó a saber del paradero de Ángel. ¿Crees tú que también les va a hablar de sus relaciones con Arturo? Ya sabes que Ángela está al tanto de todo (*knows all about it*), pero ¿crees que los demás se han dado cuenta de los sentimientos entre Raquel y Arturo?

Algunos personajes de la Argentina

. . . AFTER VIEWING

Repaso de los Episodios 12–18

¿QUÉ RECUERDAS?

Actividad A.   Preguntas
Contesta brevemente las siguientes preguntas sobre el **Episodio 49**.

1. ¿Por qué va Raquel a la estancia Santa Susana? _____

2. ¿Quién ayuda a Raquel en la estancia? _____

3. ¿A qué pariente de Rosario conoce Raquel en Buenos Aires? _____

4. ¿Qué profesión tiene el hombre con quien habla Raquel? _____

5. ¿Dónde está Rosario ahora? _____

6. ¿Por qué perdieron contacto Ángel Castillo y su hermano? _____

_____

7. ¿Qué hacen Raquel y Arturo para encontrar a Ángel? _____

_____

8. ¿Quién es Héctor? _____

9. ¿Qué información tiene Héctor sobre Ángel? _____

10. ¿De qué país está fechada la carta que escribió Ángel? _____

Actividad B.   ¡Busca el intruso!

Para cada grupo de nombres, lugares o palabras, subraya el que no les corresponde a los otros.

1. Rosario, Martín Iglesias, Arturo, Cirilo
2. el hermano, el doctor, el abogado, el marinero
3. Héctor, Ángel, Arturo, José
4. Buenos Aires, La Boca, la estancia Santa Susana, Puerto Rico
5. la cantina Piccolo Navio, el doctor, Héctor, la carta

Actividad C.   ¿Cierto o falso?

Indica si las siguientes afirmaciones son ciertas (**C**) o falsas (**F**).

C   F   1. Rosario vive en la estancia Santa Susana.
C   F   2. En Buenos Aires, Raquel conoce a Arturo Iglesias, el segundo esposo de Rosario.
C   F   3. Arturo no quiere ayudar a Raquel.
C   F   4. Héctor tiene una carta muy importante de Ángel.
C   F   5. Ángel probablemente vive en Puerto Rico.

ACTIVIDADES

Actividad.   ¿Quién la ayudó?

Paso 1

En la Argentina, varios personajes hicieron algo para ayudar a Raquel en su investigación. ¿Puedes encontrar el nombre de la persona que la ayudó con lo siguiente?

a. José   d. Cirilo   g. el vendedor de
b. Arturo   e. Mario   pescado
c. Héctor   f. doña Flora

1. _____ Le dijo a Raquel que Rosario ya había muerto.
2. _____ Le dio a Raquel información sobre dónde podía encontrar a Rosario y su hijo en Buenos Aires.
3. _____ Conocía a Héctor y les dijo a Raquel y Arturo que era posible que Héctor conociera a Ángel.
4. _____ Les dijo dónde podían encontrar a Héctor.
5. _____ Quiso ayudar a Raquel en su búsqueda.
6. _____ Reconoció al joven de la foto, Ángel a los veinte años.
7. _____ Tenía una carta con la dirección de Ángel en Puerto Rico.
8. _____ Pensó en José y habló con su esposa, doña Flora, para averiguar dónde podían encontrar a José esa tarde.

Paso 2

Mira otra vez las fotos en **Preparación**. No todos los personajes que ves allí figuran en el **Paso 1**. ¿Los mencionó Raquel en su narración?

Paso 3
Lee otra vez la sección **Para pensar**... en **Preparación**. ¿Tenías razón al contestar las preguntas? ¿Habló Raquel de sus relaciones con Arturo? ¿Por qué no?

Para escribir

Although Raquel told don Fernando many of the details of the search for Rosario and Ángel in Buenos Aires, she did not give him any information at all about her feelings for Arturo nor about any of the intimate things that happened between them. Some people would say that things moved too quickly between Arturo and Raquel, and, in fact, even Raquel has commented on this.

What do you think? Did their relationship progress too quickly? Or perhaps not quickly enough? In this composition, you will answer these questions and also express what you think about the way their relationship has developed thus far. You will be writing for a classmate who will be answering the same questions. If possible, you should compare your composition with what another person taking the course has written. Your composition should be no fewer than 300 and no more than 500 words long.

Thinking About What You Will Write

In order to write this composition, the first thing you must do is to think about what information you will include. Spend a few minutes brainstorming, coming up with as many ideas as you can about the kinds of experiences you think people should have with each other as they are getting acquainted, as well as the kinds of information they should find out about the other person (especially if they are starting to get interested in him or her). When you have exhausted the possibilities that occur to you off the top of your head, try to narrow down your two lists to four items for each category. Then try to put the items in order of importance in each group. What should be the first experience two people should share as their relationship starts to become serious? What is the first thing they should know about each other?

Now spend a few minutes thinking about a relationship you have had or about one that a friend or relative has had. How did the relationship develop? Did the couple get involved too quickly? Did one person forget to find out something important about the other person? Or think that something that they didn't like about the other person would change over time? Are any of these aspects of the relationship related to factors you listed in the first phase of your planning? Select a story—yours or someone else's—that you might be able to use in your composition.

Now think about Arturo and Raquel. What similarities and/or differences do you perceive between their relationship and others you have thought about.

If you delete or add information later on, that is fine. For the moment, you are just trying to get started.

Organizing Your Composition

In order to write this composition, you must decide whether you will address your classmate directly in the composition. If so, think about whether you will use **tú** or **Ud.** to address him or her.

The next thing you need to do is to spend some time thinking about the organization (order) of the information and events you have selected. Will you start with general ideas or with a particular story? Will you go back and forth from generalities to specifics, or focus exclusively on one type of information, then on another? Which approach makes the most sense to you at the moment? Write a brief outline of that approach.

Drafting

Paso 1

Now draft your composition. At this stage, you should not worry about grammar and spelling. Your goal is to get your ideas down on paper.

If you wish, you may select one of the following as the opening sentence in your composition. Doing so may help you get started.

> Cuando Raquel le dijo a Arturo que todo estaba pasando demasiado rápidamente para ella, yo estaba de acuerdo con ella.

> Raquel y Arturo lo pasaron muy bien en la Argentina, pero hay algunas cosas muy importantes de las cuales se olvidaron de hablar.

> Una vez yo conocí a una mujer profesional atractiva, como Raquel (a un hombre profesional atractivo, como Arturo), y empezamos a salir juntos. Pronto...

> Como dice Arturo, a veces hay que actuar. Cuando uno conoce a una persona que le es simpática desde el principio...

Paso 2

After you have completed your draft, look over what you have done. Have you stuck to the goal of the composition, which was to express whether you thought things happened too quickly—or not quickly enough—between Arturo and Raquel, and what you thought about the state of their relationship up to this point? Have you presented your ideas coherently and clearly, regardless of the overall approach you took in the composition? Are you still satisfied with the information you selected? Do you want to add some things and delete others? Or go into more detail about certain events? If you decided to do so, did you address your classmate in the composition?

Finalizing Your Composition

If you are satisfied with the information contained in your draft, it is time to look it over for style and language.

Paso 1

First, look at your composition for style. Have you been consistent in the way you have addressed your classmate throughout (if you decided to address him or her directly)? Does the composition flow, or is it disjointed and choppy? Does it contain words and phrases that connect events, or is it mostly an accumulation of sentences? Remember to use words and phrases that can smooth out the flow of a composition and help express the sequence of events clearly.

Paso 2

Review your composition for the following language elements as well.

_____ gender of nouns		_____ use of object pronouns
_____ adjective agreement		_____ use of **por** and **para**
_____ subject and verb agreement		_____ comparisons
_____ correct verb forms		_____ relative pronouns

Paso 3

Prepare a clean copy of the final version of your composition for your instructor.

50

Así fue (III)

The interactive CD-ROM to accompany *Destinos* contains additional practice with the video story line and will help you improve your skills in Spanish.

reparación

En este episodio, Raquel sigue contándoles a don Fernando y los demás los incidentes de su investigación. Ahora les va a decir lo que pasó cuando fue a Puerto Rico.

Para pensar...

Ya tienes una idea, más o menos, del tipo de información que Raquel está incluyendo en su narración para la familia Castillo. Piensa en lo que sucedió en Puerto Rico. ¿Qué incidentes o detalles crees que Raquel incluirá y qué omitirá en la narración de este episodio? ¿Qué omitirías tú y qué incluirías?

**Algunos personajes
de Puerto Rico**

. . . AFTER VIEWING

Repaso de los Episodios 19–26

¿QUÉ RECUERDAS?

Actividad A.   Preguntas

Contesta brevemente las siguientes preguntas sobre el **Episodio 50**.

1.   ¿Qué le ha pasado a Ángel? _____

2.   ¿Con quién se encuentra Raquel en el cementerio? _____

3. ¿Qué quiere hacer Ángela con el apartamento? ¿Por qué? _____

_____

4. ¿A quiénes les cuenta Raquel la historia de su investigación? _____

5. ¿Adónde tuvieron que ir para visitar a la abuela de Ángela? _____

6. ¿Cómo eran las relaciones entre Ángel y doña Carmen? _____

7. ¿Cómo reacciona doña Carmen ante el deseo de Ángela de viajar a México? _____

_____

8. ¿Cómo se llama el novio de Ángela? _____

9. ¿Qué encontraron Raquel y Ángela en el baúl de Ángel? _____

10. ¿Qué noticias reciben Raquel y Ángela cuando salen del hotel? _____

Actividad B.   ¡Busca el intruso!

Para cada grupo de nombres, lugares o palabras, subraya el que no les corresponde a los otros.

1. el cementerio, Ángela, Raquel, doña Carmen
2. Guadalajara, San Germán, San Juan, Río Piedras
3. el carro, el peaje, el mecánico, Jorge
4. el mar, Ángel, Arturo, la pintura
5. la excavación, Rosario, Roberto, México

Actividad C.   ¿Cierto o falso?

Indica si las siguientes afirmaciones son ciertas (**C**) o falsas (**F**).

C F   1. El taxista le dice a Raquel que Ángel ya murió.
C F   2. Ángela quiere vender el apartamento.
C F   3. El hermano de Ángela se llama Jorge.
C F   4. Ángel y su suegra tenían buenas relaciones.
C F   5. Raquel y Ángela van a México para que Ángela pueda conocer a don Fernando.

ACTIVIDADES

Actividad.   ¿Qué pasó en Puerto Rico?

Paso 1

Contesta las siguientes preguntas sobre los acontecimientos en Puerto Rico.

1. ¿Cómo se enteró Raquel de la muerte de Ángel? ¿Se lo dijo alguien o encontró la tumba por casualidad mientras visitaba el cementerio?
2. ¿Cuándo supo Raquel que Ángela tenía un hermano? ¿cuando hablaban en el apartamento de Ángela, antes de la llegada de los tíos, o cuando los tíos hablaban con ella?
3. ¿Sabían los tíos algo del pasado de Ángel? ¿O fue la primera vez que oían los nombres de Rosario y don Fernando?
4. Los tíos pensaron que era importante que Ángela hablara con alguien. ¿Con quién? ¿con la abuela de Ángela o con su hermano?
5. Camino a San Germán, Ángela, Raquel y Laura tuvieron problemas con el carro. ¿Pudieron llegar a San Germán esa noche o tuvieron que quedarse en Ponce?
6. En casa de la abuela, ésta le recordó a Ángela que había algo relacionado con su padre que Ángela no había hecho. ¿A qué se refería la abuela, a limpiar el cuarto de Ángel o a leer su testamento?

7. ¿Qué encontraron Ángela y Raquel entre las cosas de Ángel, unas fotos de su familia en Buenos Aires o unos dibujos que él había hecho con recuerdos de su pasado?
8. ¿Qué pasó justo cuando Raquel y Ángela salían para el aeropuerto? ¿Se pelearon o recibieron noticias importantes?

Paso 2
¿Qué partes de lo que le pasó en Puerto Rico omitió Raquel en su narración? Haz una lista de los personajes y situaciones omitidos.

Para pensar...

¿Notaste que Raquel no mencionó nada de Jorge, el novio de Ángela? ¿Por qué todavía no le ha dicho nada de lo que le pasó con Jorge en San Juan?

Para escribir

Although Raquel told don Fernando many of the details of her visit to Puerto Rico, she did not give him any information at all about her dealings with Jorge nor about her fight with Ángela. In fact, Raquel didn't even tell Ángela about what happened with Jorge.

What do you think? Should Raquel say something to Ángela now? Or should she have said more earlier on? Why or why not? What might the implications be of telling her (or not telling her)? In this composition, you will answer these questions. You will be writing for a classmate who will be answering the same questions. If possible, you should compare your composition with what another person taking the course has written. Your composition should be no fewer than 300 and no more than 500 words long.

Thinking About What You Will Write
In order to write this composition, the first thing you must do is to think about what information you will include. Spend a few minutes brainstorming, coming up with as many ideas as you can about what might happen if Raquel tells Ángela about Jorge and about what might happen if she doesn't. When you have exhausted the possibilities that occur to you off the top of your head, try to narrow down your two lists to three items for each category. Then try to put the items in order of likelihood in each group.

Now spend a few minutes thinking about a time when you tried to tell someone something for their own good . . . or when someone tried to tell you something that you didn't want to hear. How did things turn out? What would have happened if the information had not been passed on? Select an incident—from your own perspective or from someone else's—that you might be able to use in your composition.

Now think about Ángela and Raquel again. What similarities and/or differences do you perceive between their situation and others you have thought about?

If you delete or add information later on, that is fine. For the moment, you are just trying to get started.

Organizing Your Composition
In order to write this composition, you must decide whether you will address your classmate directly in the composition. If so, think about whether you will use **tú** or **Ud.** to address him or her.

The next thing you need to do is to spend some time thinking about the organization (order) of the events you have selected. Will you start with general ideas or with a particular story? Will you go back and forth from generalities to specifics, or focus exclusively on one type of information and content, then on another? Which approach makes the most sense to you at the moment? Write a brief outline of that approach.

Drafting

Paso 1

Now draft your composition. At this stage, you should not worry about grammar and spelling. Your goal is to get your ideas down on paper.

If you wish, you may select one of the following as the opening sentence in your composition. Doing so may help you get started.

> Nunca es bueno tratar de decirle algo a alguien cuando la persona no quiere saberlo.

> Si Raquel le hubiera dicho a Ángela lo que pasó con Jorge, Ángela se hubiera enfadado mucho y no hubiera venido a México con Raquel. Por eso...

> Una vez, supe algo que sabía que iba a lastimar (*hurt*) a mi mejor amigo/a.

Paso 2

After you have completed your draft, look over what you have done. Have you stuck to the goal of the composition, which was to speculate about what Raquel should do—or about what she might have done differently? Have you presented your ideas coherently and clearly, regardless of the overall approach you took in the composition? Are you still satisfied with the information you selected? Do you want to add some things and delete others? Or go into more detail about certain events? If you decided to do so, did you address your classmate in the composition?

Finalizing Your Composition

If you are satisfied with the information contained in your draft, it is time to look it over for style and language.

Paso 1

First, look at your composition for style. Have you been consistent in the way you have addressed your classmate throughout (if you decided to address him or her directly)? Does the composition flow, or is it disjointed and choppy? Does it contain words and phrases that connect events, or is it mostly an accumulation of sentences? Remember to use words and phrases that can smooth out the flow of a composition and help express the sequence of events clearly.

Paso 2

Review your composition for the following language elements as well.

_____ gender of nouns		_____ use of object pronouns
_____ adjective agreement		_____ use of **por** and **para**
_____ subject and verb agreement		_____ comparisons
_____ correct verb forms		_____ relative pronouns

Paso 3

Prepare a clean copy of the final version of your composition for your instructor.

51

Así fue (IV)

 The interactive CD-ROM to accompany *Destinos* contains additional practice with the video story line and will help you improve your skills in Spanish.

BEFORE VIEWING . . .

 reparación

En este episodio Raquel concluye la narración de los incidentes de su investigación. Va a contarle a don Fernando lo que le ha pasado hasta ahora en México. ¿Hasta qué punto llega la narración de Raquel? ¿Cuáles son los acontecimientos más importantes para el caso?

**Algunos personajes
de México**

. . . AFTER VIEWING

Repaso de los Episodios 27–36

¿QUÉ RECUERDAS?

Actividad A.   Preguntas
Contesta brevemente las siguientes preguntas sobre el **Episodio 51**.

1.   ¿Cuál es el problema con Roberto? _____

2.   ¿Por qué está Roberto en México? _____

3.   ¿Cómo son las relaciones entre Ángela y Roberto? _____

4.   ¿Quién es el Padre Rodrigo? _____

5.   ¿Dónde se quedan Raquel y Ángela para refrescarse y descansar? _____
     _____

6.   ¿Cómo son diferentes las profesiones de Ángela y Roberto? _____
     _____

7. ¿Cómo está Roberto cuando lo sacan de la excavación? _____

8. ¿Adónde llevan a Roberto en helicóptero? _____

9. ¿Quiénes ya están en el hospital cuando llegan Raquel y Ángela? _____

   _____

10. ¿Qué dice la enfermera sobre el estado de salud de Roberto? _____

    _____

Actividad B.   ¡Busca el intruso!

Para cada grupo de nombres, lugares, acciones o palabras, subraya el que no les corresponde a los otros.

1. la excavación, la hermana María Teresa, el Padre Rodrigo, Roberto
2. la hermana María Teresa, descansar, Roberto, refrescarse
3. el túnel, el médico, el ingeniero, el abogado
4. Arturo, Pedro, Ángela, Mercedes

Actividad C.   ¿Cierto o falso?

Indica si las siguientes afirmaciones son ciertas (**C**) o falsas (**F**).

C   F   1. Roberto está en México para estudiar economía.
C   F   2. Ángela está muy preocupada por su hermano mientras está atrapado.
C   F   3. La hermana María Teresa es pariente de Ángela y Roberto.
C   F   4. Ángela es programadora de computadoras.
C   F   5. Arturo conoce a sus sobrinos en la Ciudad de México.

ACTIVIDADES

Actividad.   En el sitio de la excavación

Paso 1

Pon en orden cronológico (del 1 al 10) los siguientes sucesos.

a. _____ Se derrumbó todo otra vez.
b. _____ Por fin Raquel pudo dejarle un mensaje a Arturo en el hotel.
c. _____ Fueron al hospital para ver si Roberto era uno de los accidentados.
d. _____ Ángela se puso histérica y el médico le dio un calmante.
e. _____ Raquel y Ángela llegaron por primera vez al sitio de la excavación.
f. _____ Sacaron a varias personas de la excavación, pero ninguna era Roberto.
g. _____ Raquel y Ángela se fueron a la capital y en el camino por poco chocan con un camión blanco.
h. _____ Rescataron a Roberto y lo llevaron a México.
i. _____ Allí conocieron a un padre, quien les ayudó mucho durante su estancia en el pueblo.
j. _____ Conocieron a la hermana María Teresa, quien les dio donde descansar y refrescarse.

Paso 2

Imagina que eres don Fernando y que Raquel acaba de resumirte su investigación. ¿Estás satisfecho ahora con lo que ella ha dicho? ¿Todavía tienes dudas?

Para escribir

In a previous video episode Raquel asked herself: *¿Cómo sería mi vida si todavía estuviera con Luis?* Many people ask themselves "What would have happened if . . . ?" or "What if I were . . . ?", especially when they are thinking about important moments or events in their lives.

In this composition, you will answer a "What if . . . ?" question.

¿Cómo sería el mundo si todos habláramos el mismo idioma?

You will be writing for a classmate who will be answering the same question. If possible, you should compare your composition with what another person taking the course has written. Your composition should be no fewer than 300 and no more than 500 words long.

Thinking About What You Will Write

In order to write this composition, the first thing you must do is to think about what aspects of the world you will comment on. Spend a few minutes brainstorming, coming up with as many ideas as you can about what aspects of life—political, cultural, social, personal, and so on—might be different if there were one world language. When you have exhausted the possibilities that occur to you off the top of your head, try to narrow down your list to three categories.

Now spend a few minutes thinking about what you know about language and languages in other countries and continents. How many different languages are spoken in Europe? Africa? Other places? What effect do all of these languages have on those continents?

If you delete or add information later on, that is fine. For the moment, you are just trying to get started.

Organizing Your Composition

In order to write this composition, you must decide whether you will address your classmate directly in the composition. If so, think about whether you will use **tú** or **Ud.** to address him or her.

The next thing you need to do is to spend some time thinking about the organization (order) of the categories you have selected and the information you have available to you. Will you start with a general opinion about the question or with an example? Will you go back and forth from generalities to specifics, or focus exclusively on one type of information, then on another? Which approach makes the most sense to you at the moment? Write a brief outline of that approach.

Drafting

Paso 1

Now draft your composition. At this stage, you should not worry about grammar and spelling. Your goal is to get your ideas down on paper.

If you wish, you may select one of the following as the opening sentence in your composition. Doing so may help you get started.

La diversidad étnica y lingüística es un factor positivo en el mundo de hoy.

Las barreras lingüísticas llevan sin duda a levantar (*erect*) barreras comunicativas entre las naciones del mundo y entre los individuos.

En cada país de Europa, aunque muchas personas hablan más de una lengua, hay un idioma oficial.

En esta ciudad, hay muchas personas que no hablan inglés. Hay personas de habla española, china...

Paso 2

After you have completed your draft, look over what you have done. Have you stuck to the goal of the composition, which was to explore what the world would be like if we spoke one language? Have you presented your ideas coherently and clearly, regardless of the overall approach you took in the composition? Are you still satisfied with the information you selected? Do you want to add some things and delete others? Or go into more detail about certain events? If you decided to do so, did you address your classmate in the composition?

Finalizing Your Composition

If you are satisfied with the information contained in your draft, it is time to look it over for style and language.

Paso 1

First, look at your composition for style. Have you been consistent in the way you have addressed your classmate throughout (if you decided to address him or her directly)? Does the composition flow, or is it disjointed and choppy? Does it contain words and phrases that connect events, or is it mostly an accumulation of sentences? Remember to use words and phrases that can smooth out the flow of a composition and help express the sequence of events clearly.

Paso 2

Review your composition for the following language elements as well.

_____ gender of nouns	_____ use of object pronouns
_____ adjective agreement	_____ use of **por** and **para**
_____ subject and verb agreement	_____ comparisons
_____ correct verb forms	_____ relative pronouns

Paso 3

Prepare a clean copy of the final version of your composition for your instructor.

52

Siempre lo amó

The interactive CD-ROM to accompany *Destinos* contains additional practice with the video story line and will help you improve your skills in Spanish.

BEFORE VIEWING . . .

Preparación

Actividad.

En los **Episodios 48–51** de *Destinos*, has escuchado la narración de Raquel para don Fernando y no hubo información nueva. En este episodio la historia sigue. ¿Te acuerdas de lo que pasó en el **Episodio 47**? Completa las siguientes oraciones.

1. Ángela y Roberto por fin conocieron

   a. _____ al médico de don Fernando.
   b. _____ a don Fernando.

2. Raquel decidió quedarse en La Gavia esa noche porque

   a. _____ había una gran cena y todos querían que se quedara.
   b. _____ no quería ver a sus padres.

3. Mientras Arturo y Raquel daban un paseo en la hacienda, Arturo le pidió a Raquel que

   a. _____ se fuera a vivir a Buenos Aires con él.
   b. _____ hablara con la madre de ella sobre él.

4. Al oír la respuesta negativa de Raquel, Arturo le dijo que

   a. _____ él se iría a vivir a Los Ángeles.
   b. _____ entendía por qué ella no quería hablar con su madre.

5. Durante la cena, todos se sorprendieron cuando don Fernando se presentó y dijo que

   a. _____ tenía dudas sobre la identidad de Ángel y Arturo.
   b. _____ tenía dudas sobre la identidad de Ángela y Roberto.

Para pensar...

Don Fernando los sorprendió a todos cuando les dijo que tenía grandes dudas. ¿Qué otra(s) prueba(s) quiere? ¿Qué pueden hacer o decir Ángela y Roberto para que él esté seguro de su identidad?

. . . AFTER VIEWING

¿Tienes buena memoria?

¿QUÉ RECUERDAS?

Actividad A.   Preguntas

Contesta brevemente las siguientes preguntas sobre el **Episodio 52**.

1. Por la mañana, ¿quién visita inesperadamente La Gavia? _____

2. ¿Qué le dice don Fernando a la agente de bienes raíces sobre el futuro de La Gavia?

   _____

3. ¿Cuál es el plan que tiene Mercedes para La Gavia? _____

4. ¿Quiénes administrarán el orfanato? _____

5. ¿Qué le recomienda don Fernando a su hijo Juan? _____

6. ¿Qué cosa le muestra Ángela a don Fernando como prueba de su parentesco?

   _____

7. ¿Qué hay en la gaveta de don Fernando? _____

8. ¿Qué consejo le da don Fernando a Raquel? _____

9. ¿Qué le dice Raquel a don Fernando sobre Rosario? _____

10. ¿Qué decisión ha hecho Arturo con respecto al futuro de él y Raquel? _____

    _____

Actividad B.   ¡Busca el intruso!

Para cada grupo de nombres, lugares, acciones o palabras, subraya el que no les corresponde a los otros.

1. la agente de bienes raíces, La Gavia, el cliente, la copa
2. la gaveta, la copa, el orfanato, don Fernando y Rosario
3. el orfanato, La Gavia, Mercedes, Juan y Pati
4. Raquel y Arturo, despedirse, estar enamorados, Los Ángeles
5. la hacienda, don Fernando, Rosario, siempre lo amó

Actividad C.   ¿Cierto o falso?

Indica si las siguientes afirmaciones son ciertas (**C**) o falsas (**F**).

C   F   1. Don Fernando habla con Raquel y Arturo por la noche.
C   F   2. Don Fernando le dice a su hijo Juan que no hay nada más importante que el trabajo.
C   F   3. Don Fernando había pensado desde hacía muchos años en fundar un orfanato.
C   F   4. Raquel le dice a don Fernando que Rosario siempre lo amó.
C   F   5. Ángela y Roberto se van a la Ciudad de México con Raquel y Arturo.

ACTIVIDADES

Actividad.   En el episodio final

¿Puedes tú contar lo que pasó en el episodio final? Completa esta breve narración.

Arturo y ella se miraban
hace años había establecido una fundación para hacer precisamente eso
tenía que irse a Buenos Aires
encontró otra copa igual
siempre lo amó
allí estaba su vida y allí tenía su carrera
don Fernando llegó y les dijo a todos que La Gavia no estaba en venta
tenía que ir a Los Ángeles
Ángela y Roberto eran sus nietos
administrarían el orfanato
lo que sentía por Arturo era serio
seguramente sería la prueba definitiva
le dio la caja al patriarca

Don Fernando tenía dudas de la identidad de Ángela y Roberto, y quería estar seguro de que eran sus nietos. Raquel le recordó a Ángela lo de la copa de bodas de Rosario, que

_____.[1]

Al día siguiente, llegó la agente de bienes raíces. El deseo de su cliente de comprar La Gavia no fue realizado, porque _____.[2]

Entonces Mercedes reveló su plan para fundar un orfanato en la hacienda. Todos quedaron sorprendidos cuando don Fernando reveló que _____

_____.[3] Según don Fernando, Carlos y Mercedes _____

_____.[4] Juan debería regresar a Nueva York, porque _____

_____.[5]

Más tarde, en el cuarto de don Fernando, cuando todos estaban presentes, Ángela

_____.[6] Cuando don Fernando la

abrió, se puso muy emocionado. Entonces le pidió a Mercedes que le diera a Ángela una caja que

él tenía allí en su cuarto, en un armario. Cuando Ángela la abrió, _____

_____.[7] Así ya no había dudas: _____

_____.[8]

Raquel y Arturo se despidieron de don Fernando y estaban para salir. Pero el patriarca

quería hablar con Raquel a solas. Le dijo que no se le había escapado cómo _____

_____.[9] Raquel le confesó que _____

_____.[10] Entonces don Fernando le dio unos consejos: o ella

_____[11] o él _____

_____,[12] que no debían perder un amor verdadero. Se

abrazaron una vez más.

Antes de salir, Raquel se volvió y le dijo a don Fernando que Rosario nunca dejó de pensar

en él, que _____.[13] Con las dos

copas reunidas, don Fernando se quedó en su cuarto a solas, pensando en el día en que, hace

años, en un país lejano, dos jóvenes españoles las habían usado para celebrar el día de su boda.

Cinco años después

Imagina que han pasado cinco años desde ese día en que Raquel se despidió de don Fernando. ¿Qué ha pasado? ¿En qué situación o condición están los varios personajes? ¿Qué ha pasado entre Arturo y Raquel, Juan y Pati, Carlos y Gloria y los demás? ¿Qué le ha pasado a don Fernando? ¿y La Gavia? ¿Todavía pertenece a la familia Castillo? ¿Quién(es) vive(n) allí ahora?

Escribe una breve composición (100–200 palabras) con este título: «*Destinos:* Cinco años después».

SPANISH—ENGLISH VOCABULARY

The Spanish-English Vocabulary contains all the words that appear in the Student Viewer's Handbook with the following exceptions: (1) most close or identical cognates; (2) most conjugated verb forms; (3) diminutives ending in **-ito/a**; (4) absolute superlatives ending in **-ísimo/a**; (5) most adverbs ending in **-mente** (if the corresponding adjective is listed); and (6) most vocabulary that is glossed in the Handbook. Only meanings that are used in the Handbook are given. In addition, some vocabulary useful for discussing the story has been included even though it does not appear in the Handbook.

The gender of nouns is indicated, except for masculine nouns ending in **-o** and feminine nouns ending in **-a**. Stem changes and spelling changes are indicated for verbs: **dormir (ue, u)**; **llegar (gu)**; **seguir (i, i) (g)**.

The letter **ñ** follows **n**, for example, **añadir** follows **anuncio**.

The following abbreviations are used:

adj.	adjective		*m.*	masculine
adv.	adverb		*Mex.*	Mexico
Arg.	Argentina		*n.*	noun
conj.	conjunction		*obj. of prep.*	object of a preposition
def. art.	definite article		*pers.*	personal
d.o.	direct object		*pl.*	plural
f.	feminine		*poss.*	possessive
fam.	familiar		*p.p.*	past participle
form.	formal		*prep.*	preposition
gram.	grammatical term		*pron.*	pronoun
inf.	infinitive		*refl. pron.*	reflexive pronoun
interj.	interjection		*s.*	singular
inv.	invariable form		*Sp.*	Spain
i.o.	indirect object		*sub. pron.*	subject pronoun
irreg.	irregular		*U.S.*	United States
L.A.	Latin America		*v.*	verb

A

a to; at (*with time*); **a bordo** aboard, on board; **a cargo (de)** in charge (of); **a causa de** because of, on account of; **a continuación** following, below, immediately after; **a favor** in favor; **a la(s)...** at (*hour*); **a menos que** unless; **a menudo** often; **a nombre de** in the name of; **a pesar de** in spite of; **a punto de** at the point of; about to; **¿a quién?** to whom?; **a veces** at times, sometimes; **a ver** let's see, let's have a look

abandonar to abandon

abierto/a (*p.p. of* **abrir**) open(ed)

abogado/a lawyer

abrazarse (c) to embrace

abrir (*p.p.* **abierto/a**) to open

absoluto/a absolute; **en absoluto** (not) at all

abuelo/a grandfather, grandmother; *m. pl.* grandparents

aburrido/a: ser (*irreg.*), **aburrido/a** to be boring; **estar** (*irreg.*) **aburrido/a** to be bored

acá here

acabar to finish; **acabar de** + *inf.* to have just (*done something*)

accidente *m.* accident

acción *f.* action; **día** (*m.*) **de Acción de Gracias** Thanksgiving Day

acento accent

aceptar to accept

acerca de *prep.* about, concerning

acercarse (qu) (a) to approach, draw near

acompañar to accompany

aconsejar to advise

acontecimiento event, happening

acordarse (ue) (de) to remember

acostar (ue) to put to bed; **acostarse** to go to bed

acostumbrar to be accustomed; **acostumbrarse (a)** to get accustomed to

actitud *f.* attitude

actividad *f.* activity

actor *m.* actor

actriz *f.* (*pl.* **actrices**) actress

actualidad present time; **en la actualidad** at this time, nowadays

actuar to act, perform; **actuarse** to behave

acuático/a: esquí (*m.*) **acuático** water skiing

acuerdo agreement; **de acuerdo** OK, I agree; **estar** (*irreg.*) **de acuerdo (con)** to agree, be in agreement (with)

acusar to accuse

adaptar(se) to adapt

además (de) besides, in addition (to)

adicción *f.* addiction

adicto/a addict

adiós good-bye

adjetivo *n.* adjective

administración *f.* administration; **administración de empresas** business administration

administrador(a) administrator

admiración *f.* admiration

admirar to admire

admitir to admit

adolescente *m., f.* adolescent

adonde where

¿adónde? (to) where?

adoptado/a adopted

adorar to adore

adverbio adverb

aeropuerto airport

afectar to affect

afecto affection

afectuoso/a affectionate

afirmación *f.* affirmation

afortunadamente fortunately

afuera *adv.* outside

afueras *pl.* suburbs, outskirts

agencia agency; **agencia de viajes** travel agency

agente *m., f.* agent; **agente de bienes raíces** real estate agent; **agente de viajes** travel agent

agitado/a upset, worried; shaky; excited

agradable agreeable, pleasant

agradar to be pleasing

agradecer (zc) to thank

agradecido/a grateful, thankful

agua *f.* (*but* **el agua**) water; **agua mineral** mineral water

aguantar to put up with, endure, tolerate

águila *f.* (*but* **el águila**) eagle

ahí there

ahora now; **ahora mismo** right now; **justo ahora** right now, just now

ahorrar to save

ahorros: cuenta de ahorros savings account

aire *m.* air

ajeno/a foreign

al (*contraction of* **a** + **el**) to the; **al** + *inf.* upon, while, when + *verb form*; **al anochecer** at nightfall, dusk; **al comienzo** at the beginning; **al día siguiente** the next day; **al final** in the end; **al final de** at the end of; **al menos** at least; **al (mes, año,...)** per (month, year, . . .); **al mismo tiempo** at the same time; **al poco tiempo** shortly after; **al principio** at first, at the beginning; **al terminar...** when . . . is/was over

alarmado/a alarmed
alcanzar (c) to be enough, sufficient
alcázar *m.* fortress; castle
alcohol *m.* alcohol
alegrarse (de) to be glad, happy (about)
alegre happy
alegría happiness; happy nature
alejarse (de) to go far away (from); to separate (from); to draw away, grow apart (from)
algo something, anything
alguien someone; **caerle** (*irreg.*) **bien/mal a alguien** to like (not like), make a good/bad impression on someone; **darle** (*irreg.*) **de alta a alguien** to release someone (*from an institution*); **poner** (*irreg.*) **a alguien a cargo (de)** to put someone in charge (of)
algún, alguno/a some; any; **alguna vez** ever
aliado/a *n.* ally
alianza alliance
aliviar to alleviate, relieve
allá there
allí there
alma *f.* (*but* **el alma**) soul
almacén *m.* department store; storehouse
almorzar (ue) (c) to have lunch
almuerzo lunch
alojado/a *adj.* staying, lodged (*at a hotel*)
alojamiento lodging, accommodations
alojarse to stay, lodge
alquilado/a rented
alquilar to rent
alquiler *m.* rent
alta: darle (*irreg.*) **de alta a (alguien)** to release (someone) (*from an institution*)
alternar to alternate
alternativa alternative
altiplano high plateau
altitud *f.* altitude
alto *n.* height; **de alto** in height
alto/a *adj.* tall; high; loud; **clase** (*f.*) **alta** upper class
altura height
ama (*f.* [*but* **el ama**]) **de casa** homemaker; housekeeper
amable nice, kind
amar to love
ambición *f.* ambition
ambicionar to strive after; to seek, want
ambicioso/a ambitious
ambiente *m.* atmosphere
ambos/as both
ambulancia ambulance
amenaza threat
ameno/a pleasant, agreeable
América Latina Latin America
amigablemente amicably, in a friendly way
amigo/a friend
amistad *f.* friendship
amo de casa landlord
amor *m.* love; **amor a primera vista** love at first sight
anciano/a elderly person
¡anda! *interj.* move it!; go on!
Andalucía Andalusia
andaluz, andaluza (*pl.* **andaluces**) Andalusian
andar (*irreg.*) to walk; to go; **andar bien/mal** to be going well/badly; **andar buscando** to be looking for; **andar en barco** to take a boat ride; **andar en bicicleta** to go for a bicycle ride; **andar en bote** to take a rowboat ride; **andar en mateo** to take a carriage ride

anfibio: animal (*m.*) **anfibio** amphibian
angustia anguish
angustiado/a anguished
animación *f.* animation
animado/a lively, animated, spirited
animal *m.* animal; **animal anfibio** amphibian
anoche last night
anochecer: al anochecer at nightfall, dusk
anónimo/a anonymous; **sociedad** (*f.*) **anónima** incorporated; stock company
ante before, in the presence of; with regard to
anterior previous, preceding
antes *adv.* before, formerly; **antes de** *prep.* before (*in time*); **antes (de) que** *conj.* before; **lo antes posible** as soon as possible
antigüedad *n. f.* antique; **tienda de antigüedades** antique store
antiguo/a former; old, ancient
antropología anthropology
anuncio announcement, advertisement
añadir to add
año year; **hace muchos años** many years ago; **tener** (*irreg.*)... **años** to be . . . years old
aparecer (zc) to appear
aparente apparent
apartamento apartment
aparte *adj.* separate
apellido surname, last name
apenado/a grieved
apenas *adv.* hardly, scarcely
apéndice *m.* appendix
aperitivo appetizer
apetito appetite
apoderarse de to seize, take possession of
apoyar to support
apoyo support
apreciar to appreciate, esteem
aprender to learn; **aprender a** + *inf.* to learn to (*do something*)
apropiado/a appropriate
aprovechar to take advantage of
aproximadamente approximately
apuntar to jot down
apuro trouble, difficult situation
aquel, aquella *adj.* that (*over there*); **desde aquel entonces** since that time; **en aquel entonces** back then, in those days; **aquél, aquélla** *pron.* that one (*over there*)
aquello that, that thing, that fact
aquellos/as *adj.* those (*over there*); **aquéllos/as** *pron.* those (ones) (*over there*)
aquí here
árbol *m.* tree
área *f.* (*but* **el área**) area
argentino/a *n., adj.* Argentine
armario closet
arqueología archeology
arqueólogo/a archeologist
arreglar to arrange; to fix
arreglo arrangement
arrestado/a arrested
arrojar to indicate, show
arruinado/a ruined
arte *m.* (*but* **las artes**) art; **arte dramático** drama; **bellas artes** (*f.*) fine arts
artículo article
artista *m., f.* artist
artístico/a artistic
ascender (ie) to advance
ascensor *m.* elevator
asegurar to assure

asentir (ie, i) to assent, agree
así *adv.* so, thus; that way; therefore, consequently; **así que** *conj.* so, then
asiento seat; breeding ground; site; **asiento de atrás** back seat
asimilar to assimilate
asistente/a assistant
asistir (a) to attend
asociación *f.* association
asociar to associate
aspiración *f.* aspiration
asumir to assume (*responsibilities; command*)
asunto issue, matter; affair, business
asustar to frighten
ataque *m.* attack; **ataque cardíaco** heart attack
atención *f.* attention; **llamar la atención** to attract attention; **prestar atención (a)** to pay attention (to)
atender (ie) to attend to, take care of
atento/a attentive
atlántico/a Atlantic; **Océano Atlántico** Atlantic Ocean
atracción *f.* attraction; **atracción turística** tourist attraction
atractivo/a *adj.* attractive
atraer (*like* **traer**) to attract
atrapado/a trapped
atrás behind
atrasado/a *adj.* late, arriving late
atrocidad *f.* atrocity
auditor(a) auditor
aun *adv.* even
aún *adv.* still, yet
aunque although
ausencia absence
ausente absent
austral *n.* monetary unit of Argentina; *adj.* southern
automático/a automatic
automóvil *m.* automobile, car
autopista highway; toll road
autor(a) author
autoridad *f.* authority
autorizar (c) to authorize
avanzar (c) to advance
aventura adventure
avergonzado/a embarrassed
avería breakdown
averiguar (gü) to find out, ascertain
avión *m.* airplane
¡ay! *interj.* oh!
ayer yesterday
ayuda help, assistance
ayudante *m., f.* assistant
ayudar to help, assist
ayuntamiento city hall
azteca *n. m., f., adj.* Aztec
azul blue

B

bailar to dance
baile *n. m.* dance
bajar to go down(stairs); to bring down (*a fever*)
bajo *prep.* under
bajo/a *adj.* short (*in height*); low; **clase** (*f.*) **baja** lower class
ballet *m.* ballet
baloncesto basketball
banco bank; bench
bañarse to bathe, take a bath
baño bathroom
bar *m.* bar
barba beard
barbacoa barbecue

barbería barber shop
barca boat, barge
barco boat; **andar** (*irreg.*) **en barco** to take a boat ride; **navegar (gu) en barco** to sail
barrera barrier
barrio district; neighborhood
basado/a (en) based (on)
basarse to be based; **basarse en** to base one's ideas or opinions on
bastante enough; a great deal; rather, quite
batalla battle
baúl *m.* trunk
bebida drink, beverage
béisbol *m.* baseball
bello/a beautiful; **bellas artes** *f.* fine arts
besar to kiss
beso kiss
biblioteca library
bien *adv.* well; **andar** (*irreg.*) **bien** to be going well; **caerle** (*irreg.*) **bien a (alguien)** to like, make a good impression on (someone); **llevarse bien (con)** to get along well (with); **manejar bien** to manage well; **muy bien** very well; **pasarlo bien** to have a good time; **por bien o por mal** for better or worse; **sentirse (i, i) bien** to feel well
bien *n. m.* good; *pl.* goods; **agente** (*m., f.*) **de bienes raíces** real estate agent; **bienes raíces** *pl.* real estate
bienestar *m.* well-being
bienvenido/a welcome
billete *m.* ticket (*Sp.*); **billete de ida y vuelta** round-trip ticket
blanco/a white
bloqueado/a blocked, closed off
blusa blouse
boca mouth
boda wedding
boleto ticket (*L.A.*)
bolsa purse, handbag
bombardeo bombing
bondad *f.* goodness; kindness
bonito/a pretty, attractive
bordo: a bordo aboard, on board
bote *m.* rowboat; **andar** (*irreg.*) **en bote** to take a rowboat ride
botella bottle
botones *m. s.* bellhop
breve brief
brillante brilliant
brocheta brochette, skewer
broma joke; **en broma** as a joke, jokingly
buceo scuba diving
buen, bueno/a *adj.* good; **buen día** good day (*greeting*) (*Arg.*); **buena suerte** good luck; **buenas noches** good evening/night; **buenas tardes** good afternoon; **bueno** (*when answering the telephone*) hello (*Mex.*); **buenos, buenas** good day, good afternoon/evening; **buenos días** good morning; **hace (muy) buen tiempo** the weather's (very) good; **bueno** *adv.* all right
bufete *m.* lawyer's office
busca search; **en busca de** in search of
buscar (qu) to look for, seek; **andar** (*irreg.*) **buscando** to be looking for; **en busca de** in search of
búsqueda search, quest

C
cabaña cabin
cabeza head
cabezón, cabezona stubborn, hard-headed

cabezonería stubbornness
cabo end
cacahuete *m.* peanut
cada *inv.* each, every; **cada vez más** more and more
caer (*irreg.*) to fall; **caerle bien/mal a (alguien)** to like (not like), make a good/bad impression on (someone)
café *m.* (cup of) coffee; café, coffee shop; **café con leche** *strong coffee served with warm or hot milk;* **café solo** black coffee
caja box, case, chest
calculador(a) calculating, scheming
calendario calendar
callado/a silent, quiet
calle *f.* street
callejero/a: vendedor(a) callejero/a street vendor
calmado/a quiet, calm
calmante *m.* sedative
calmar to calm
cama bed; **guardar cama** to stay in bed
cámara camera
camarero/a waiter, waitress
camarón *m.* shrimp
cambiar (de) to change; **cambiarse de ropa** to change one's clothes
cambio change; exchange; **en cambio** on the other hand
caminar to walk
camino street, road; way; **camino a** on the way to
camión *m.* truck; bus (*Mex.*)
campana bell
campaña campaign
campera short jacket (*Arg.*)
campesino/a peasant, farmer, fieldworker
campo country (-side)
canasta basket
cancelar to cancel
cansado/a tired
cansar to tire; **cansarse** to get tired
cantar to sing
cantidad *f.* quantity, amount
cantina bar
cañón *m.* canyon
capaz (*pl.* **capaces**) capable
capilla chapel
capital *f.* capital (city); *m.* capital (*money*)
captar to grasp; to depict; to pick up (*sound*)
capturar to capture
cara face; side
carácter *m.* character
¡caramba! *interj.* darn!, gosh!
caramelo caramel; candy
cardíaco/a *adj.* cardiac, heart; **ataque** (*m.*) **cardíaco** heart attack
cargo position; **poner** (*irreg.*) **a alguien a cargo (de)** to put (someone) in charge (of)
Caribe *n. m.* Caribbean
caribeño/a *n., adj.* Caribbean
cariño affection; **tomarle cariño a (alguien)** to start to have affection for (someone)
cariñoso/a affectionate
carne *f.* meat
caro/a expensive
carrera career, profession; course of study
carretera highway
carro car
carta letter; **jugar (ue) (gu) a las cartas por dinero** to gamble on cards
cartel *m.* poster
cartera wallet

casa house; home; **ama** (*f.* [*but* **el ama**]) **de casa** homemaker; **casa adosada** condominium; **en casa** at home
casado/a married; **recién casado/a** recently married, newly wed
casar(se) (con) to marry (*someone*); to get married (to)
casi almost
casino casino
caso case; **hacer** (*irreg.*) **caso a** to pay attention to; **no hacer caso (de)** to pay no attention (*to an issue*); **en todo caso** in any case, anyway
casualidad: dar (*irreg.*) **la casualidad** to just happen; **por casualidad** by chance
catecismo catechism
catedral *f.* cathedral
católico/a Catholic
causa cause; **a causa de** because of, on account of
causar to cause, be the cause of; **causar una buena impresión** to make a good impression
cautivar to attract, captivate
celebración *f.* celebration
celebrar to celebrate
celos jealousy; **tener** (*irreg.*) **celos (de)** to be jealous (of)
celoso/a jealous; **estar** (*irreg.*) **celoso/a (de)** to be jealous (of)
cementerio cemetery
cena dinner, supper
cenar to have dinner
censura censorship
centavo cent
centro center; downtown; **centro comercial** shopping center
cerca *adv.* near, nearby, close; **cerca de** *prep.* near (to)
cercano/a *adj.* close
ceremonia ceremony
cerrado/a closed
cerrar (ie) to close
certeza *f.* certainty
certificado certificate; **certificado de nacimiento** birth certificate
cerveza beer
cesar to stop
chaqueta jacket
charlar to talk, chat
cheque *m.* check
chico/a *adj.* little, small; *n.* boy, girl; *pl.* boys, girls; children
chino/a *n.* Chinese person; *adj.* Chinese
chiste *m.* joke
chocar (qu) (con) to run into, collide (with)
chofer *m.* chauffeur, driver
choque *m.* accident, collision
ciego/a *n.* visually impaired person, blind person; *adj.* visually impaired, blind
cielo sky; heaven
cien, ciento (one) hundred
ciencia science; **ciencias económicas** economics
cierto/a true; certain; **es cierto** it's certain, true; **por cierto** by the way, certainly
cinco five
cine *m.* cinema, movie theater; **ir** (*irreg.*) **al cine** to go to the movies
circunstancia circumstance
ciudad *f.* city; **Ciudad de México** Mexico City
civil: guerra civil civil war
civilización *f.* civilization
claro/a clear; light (*colors*); **¡claro!** *interj.* of course!; **claro que sí** of course

clase *f.* class; kind; **clase alta** upper class; **clase baja** lower class; **clase obrera** working class; **dar** (*irreg.*) **una clase** to teach a class
clásico/a *adj.* classic(al)
cliente/a client
clínica clinic
cocinero/a *n.* cook, chef
coche *m.* car
coche-comedor *m.* dining car (*on a train*)
colaboración *f.* collaboration
colapso collapse
colección *f.* collection
coleccionar to collect
colmo last straw
colonia colony; neighborhood (*Mex.*)
colonial colonial
color *m.* color
columna column
comedor *m.* dining room; **coche-comedor** *m.* dining car (*on a train*)
comentar to comment (on); to discuss
comentario comment; commentary
comenzar (ie) (c) to begin
comer to eat; **comerse** to eat up
comercial *adj.* commercial; **centro comercial** shopping center
comerciante *m., f.* merchant, business-person
comercio commerce, business
comestible *n. m.* food; *adj.* edible; **tienda de comestibles** food store
comida food; meal
comienzo *n.* beginning; **al comienzo** at the beginning
comino: me importa un comino I couldn't care less
como as (a); like; since; **tan... como** as . . . as; **tan pronto como** as soon as; **tanto/a/os/as... como** as much/many . . . as
¿cómo? how?, how's that?, what?, I didn't catch that
cómodo/a comfortable
compañero/a companion; mate, "significant other"
compañía company (*business*)
comparación *f.* comparison
comparar to compare
compartimento compartment
compartir to share
completar to complete
completo/a complete, full; **por completo** completely
complicado/a complicated
comportarse to behave oneself
composición *f.* composition
compra purchase; **hacer** (*irreg.*) **las compras** to shop; **ir** (*irreg.*) **de compras** to go shopping
comprar to buy
comprender to understand
comprensivo/a understanding
compulsión *f.* compulsion
computación *f.* computer science
computadora computer (*L.A.*); **programación** (*f.*) **de computadoras** computer programming; **programador(a) de computadoras** computer programmer (*L.A.*)
común common; **en común** in common; **sentido común** common sense
comunicación *f.* communication
comunicarse (qu) (con) to communicate (with); to get in touch (with), contact
comunicativo/a communicative
comunidad *f.* community

con with; **con destino a** bound for; **con frecuencia** frequently; **¿con quién?** with whom?; **con razón** understandably so
concentrar(se) to concentrate
concepto concept
concierto concert
conciliador(a) conciliatory
concluir (y) to conclude
conclusión *f.* conclusion
condición *f.* condition; **buenas/malas condiciones** *pl.* good/bad shape, condition
conducta conduct
conductor(a) conductor
conexión *f.* connection
conferencia lecture
confesar (ie) to confess
confesión *f.* confession
confianza confidence; **de confianza** trustworthy, reliable
confirmar to confirm
confitería candy store
conflicto conflict; **conflicto armado** armed conflict; **en conflicto** in conflict
confundir to confuse
confusión *f.* confusion
congreso convention; congress
conmemorar to commemorate
conmigo with me
conmovido/a moved (*emotionally*)
conocer (zc) to know, be acquainted with; to meet
conocimiento knowledge, understanding
consciente conscious
consecuencia consequence; **como consecuencia** as a result
conseguir (i, i) (g) to get, obtain, attain; to succeed in
consejo(s) advice
conservador(a) *adj.* conservative
considerar to consider
consigo with himself, with herself; with it; with them
consistir (en) to consist (of)
constante *adj.* constant
construir (y) to build
consulta *s.* consulting hours
consultar to consult
consumir to consume, use
contacto contact
contar (ue) to tell (about); to count; **contar con** to have; to rely on; to have available
contemplar to contemplate; to look at, study
contener (*like* **tener**) to contain
contenido *n. s.* contents
contento/a happy, content
contestar to answer
contigo with you (*fam.*)
continuación *f.* continuation; **a continuación** below, immediately after, following
continuar to continue, go on; to follow
contra against; **en contra (de)** against
contrario/a opposite, contrary; **al contrario** on the contrary
contratar to hire
contrato contract
contribuir (y) to contribute
controlar to control
controversia controversy
convencer (z) to convince
convencido/a convinced
conversación *f.* conversation
conversar to converse

convertirse (ie, i) (en) to become; to change (into); to convert
copa goblet, wineglass; drink (*slang*); **Copa Mundial** World Cup (*soccer*)
copia copy
coquí *small tree frog indigenous to Puerto Rico that makes a characteristic musical sound*
coraje *m.* courage
corazón *m.* heart
corbata necktie
cordillera mountain range
correcto/a correct, right
corregir (i, i) (j) to correct
correo mail; post office; **(por) correo aéreo** (by) airmail
correr to run; **correr riesgo** to run a risk
corresponder to correspond, match
corrida de toros bullfight
corriente common, ordinary; **cuenta corriente** checking account
cortés courteous, polite
corto/a brief, short (*in length*)
cosa thing
coser to sew
cosmopolita *m., f.* cosmopolitan
costa coast
costar (ue) to cost; **costarle trabajo (a alguien)** to be hard, take a lot of effort (for someone)
costumbre *f.* custom, habit
crear to create
crédito: tarjeta de crédito credit card; **dar** (*irreg.*) **crédito** to believe
creer (y) (en) to think, believe (in); **creer que sí/no** to think (not think) so
criar to raise
criollo/a creole
crisis *f.* crisis
Cristo Christ
crítica criticism
criticar (qu) to criticize
cronológico: en orden cronológico in chronological order
cruz *f.* (*pl.* **cruces**) cross
cruzar (c) to cross
cuaderno notebook
cuadra city block
cuadro painting; picture
cual *relative pron.* whom, which; **lo cual** which
¿cuál? what?, which?; **¿cuál(es)?** which one(s)?
cualidad *f.* quality
cualquier(a) whatever, whichever; any; **cualquier cosa** anything
cuando when
¿cuándo? when?
cuanto: en cuanto as soon as; **en cuanto a...** as for, as far as . . . is concerned
cuánto/a how much, how many
¿cuánto/a? how much?; **¿cuántos/as?** how many?
cuarto *n.* fourth; quarter (*hour*); (bed)room
cuatro four
cubano/a *n., adj.* Cuban
cubierto/a (*p.p. of* **cubrir**) **(de)** covered (with)
cuchara spoon
cuchillo knife
cuenta account; bill, check; calculation; **cuenta corriente** checking account; **cuenta de ahorros** savings account; **darse** (*irreg.*) **cuenta (de)** to realize, become aware (of); **hacer** (*irreg.*) **cuentas** to do the accounts; **llevar (las)**

cuentas to keep the books; **revisar las cuentas** to audit the accounts; **tener** (*irreg.*) **en cuenta** to keep in mind
cuento short story
cuero leather
cuerpo body
cuestión *f.* question; problem; matter
cuidado care; **con cuidado** carefully; **tener** (*irreg.*) **cuidado** to be careful
cuidar to take care of
culpa fault; blame; **tener** (*irreg.*) **la culpa (de)** to be to blame (for), to be guilty (of)
culpabilidad *f.* guilt; **sentido de culpabilidad** sense of guilt or responsibility
culpable *n. m., f.* guilty person; responsible person; *adj.* guilty, responsible
cultura culture
cumpleaños *m. s.* birthday
cumplir to perform; to keep (a promise); **cumplir años** to have a birthday; **cumplir con** to live up to; to meet, fulfill
cuna birthplace
cuñado/a brother/sister-in-law
cupón *m.* ticket
cura *m.* priest; *f.* cure
curación *f.* treatment, cure
curar to heal, cure
curioso/a curious
cuyo/a whose

D
daño harm, injury
dar (*irreg.*) to give; **dar una clase** to teach a class; **dar con** to meet up with; **dar un paseo** to take a walk; **darle de alta (a alguien)** to release (someone) (*from an institution*); **darse cuenta (de)** to realize, become aware (of); **darse la mano** to shake hands
dato fact
de *prep.* of; from; **de acuerdo** OK, I agree; **de confianza** trustworthy, reliable; **de moda** fashionable; **de momento** for the moment; **de nacimiento** by birth; **de nada** you're welcome; **de nuevo** again; **¿de quién?** whose?; **de regreso** *adj.* return (*flight*); **de regreso a** on returning to; **de repente** suddenly; **de una vez** now, right away; **de vez en cuando** sometimes; **estar** (*irreg.*) **de acuerdo (con)** to agree, be in agreement (with); **más allá de** *prep.* beyond; **más de** more than; **vivir de** to live off of, support oneself by
deber *v.* should, ought to; to owe; **deber + inf.** should, must, ought to (*do something*); **deberse a** to be due to
deber *n. m.* duty
debido/a (a) due (to)
débil weak
decidir to decide; **decidirse** to make up one's mind
decir (*irreg.*) to say, tell; **decir la verdad** to tell the truth; **es decir** that is to say
decisión *f.* decision; **tomar decisiones** to make decisions
declaración *f.* declaration
declarar to declare
dedicar (qu) to dedicate; **dedicarse** to dedicate oneself
defender (ie) to defend; **defenderse** to defend oneself; to get along/by
definitivo/a final, definitive
dejar to leave (behind); to let, allow; to quit; **dejar de + inf.** to stop (*doing something*)

del (*contraction of* **de** + **el**) of the; from the
delante *adv.* ahead; **por delante** ahead (of one); **delante de** *prep.* in front of
delgado/a thin, slender
delicado/a delicate
demanda demand
demás: los/las demás the rest, the others, others, other people
demasiado *adv.* too, too much
demora delay
demostrar (ue) to show, demonstrate
dentista *m., f.* dentist
dentro de inside, within; **dentro de poco** very soon
depender (de) to depend (on)
dependiente *adj.* dependent
dependiente/a *n.* clerk
deporte *m.* sport
deportivo/a *adj.* sports
derecho *n.* law; right
derrota defeat
derrumbarse to collapse, cave in
derrumbe *m.* collapse; caving in
desafío challenge
desamparado/a abandoned
desaparecer (zc) to disappear
desarrollar to develop
desayunar to have breakfast
desayuno breakfast
descansar to rest; **que en paz descanse** may he/she rest in peace
descanso rest; relaxation
descendiente *m., f.* descendant
desconfiar to mistrust
desconocido/a unknown
describir (*p.p.* **descrito/a**) to describe
descripción *f.* description
descrito/a (*p.p. of* **describir**) described
descubierto/a (*p.p. of* **descubrir**) discovered
descubrir (*p.p.* **descubierto/a**) to discover
desde *prep.* from; **desde (aquel) entonces** since then, ever since; **desde hace años** for a number of years; **desde luego** of course; **desde pequeño/a** since he/she was small; **desde que** *conj.* since
deseado/a desired
desear to want, wish; **desear + inf.** to wish, want to (*do something*)
desembarcarse (qu) to land; to disembark
desempeñar to play, fulfill (*a role*)
desenchufar to unplug
desenredar to clear up
deseo desire, wish
desesperado/a desperate
desesperarse to despair, lose hope
desgracia: por desgracia unfortunately
desgraciadamente unfortunately
desierto desert
desleal disloyal; unfair
despedida *n.* farewell, leave-taking, good-bye; **regalo de despedida** going-away present
despedir (i, i) to fire (*an employee*); **despedirse (de)** to say good-bye (to), take leave (of)
despegarse (gu) to take off (*airplane*)
despertar (ie) (*p.p.* **despierto/a**) to wake (*someone*); **despertarse** to awaken, wake up
despierto/a (*p.p. of* **despertar**) awake; alert
despreciar to hold in low esteem
después *adv.* later, afterward; **después de** *prep.* after; **después de que** *conj.* after
destacar (qu) to stand out

destino destiny; destination; **con destino a** bound for
destruido/a destroyed
destruir (y) to destroy
desunido/a fragmented
detalle *m.* detail
deteriorar to deteriorate
determinar to determine
detrás de *prep.* behind
deuda debt
devolver (ue) (*p.p.* **devuelto/a**) to return (*something*)
día *m.* day; **al día siguiente** the next day; **buenos días** good morning; **día de Acción de Gracias** Thanksgiving Day; **Día del Trabajo** Labor Day; **hoy día** today, nowadays; **todos los días** every day; **un par de días** a few days
dialecto dialect
diario *n.* daily newspaper
diario/a *adj.* daily; **vida diaria** daily life
dibujo drawing; sketch
dictador *m.* dictator
dicho/a (*p.p. of* **decir**) said
diecisiete seventeen
diente *m.* tooth
diez ten
diferencia difference
diferente different
difícil difficult, hard
dificultad *f.* difficulty
difunto/a deceased
dinámico/a dynamic
dinamismo dynamism
dinero money
Dios *m. s.* God ¡**gracias a Dios!** *interj.* thank God!; **¡por Dios!** for heaven's sake!
dirección *f.* address; direction
directamente directly
director(a) director; head, leader
dirigir (j) to direct, run
discreto/a discreet
disculpar to excuse, make excuses for; **disculparse** to apologize; **disculpe** pardon me, excuse me
discusión *f.* discussion; argument, (*verbal*) fight
discutir to discuss; to argue; to fight (*verbally*)
disgustar to dislike
disiparse to disappear
dispuesto/a (*p.p. of* **disponer**) **(a)** ready, willing (to)
distancia distance; **llamada de larga distancia** long-distance call
distinto/a distinct, different
distrito district; **distrito federal** federal district
diversidad *f.* diversity
diversión *f.* diversion, amusement; *pl.* entertainment
divertido/a fun
divertirse (ie, i) to have a good time
dividirse to be divided
divorciarse (de) to divorce, get divorced (from)
doble double; **habitación** (*f.*) **doble** double room
dócil docile
doctor(a) doctor
documento document, paper
dólar *m.* dollar
doler (ue) to hurt
dolor *m.* pain
doloroso/a painful
dominante dominant

dominar to dominate; to master
domingo Sunday
don *title of respect used with a man's first name*
don *m.:* **tener** (*irreg.*) **don de gentes** to have a way with people
donde where
¿dónde? where?; **¿de dónde?** from where?
doña *title of respect used with a woman's first name*
dormido/a asleep
dormir (ue, u) to sleep
dramático: arte (*m.*) **dramático** drama
drástico/a drastic
droga drug
ducha shower
duda doubt
dudar to doubt; to hesitate
dudoso: es dudoso que it's doubtful that
dueño/a owner; **dueño/a de negocios** shop owner
dulzura sweetness
durante during; for (*period of time*)
durar to last
duro/a hard; harsh

E

e and (*used instead of* **y** *before words beginning with* **i** *or* **hi**)
echar to throw out
eclipse *m.* eclipse
economía economics; economy
económico/a economic; economical; **ciencias económicas** economics
economización *f.* savings
economizar (c) to save, economize
edad *f.* age
edificio building
educación *f.* education
educado/a educated
efectivamente actually, in fact
efectivo cash
efecto effect
egocéntrico/a egocentric, self-centered
egoísta *m., f.* egotistical, selfish
¿eh? *tag phrase with approximate English equivalent of* **OK?**
ejecutivo/a executive
ejemplo example; **por ejemplo** for example
ejercer (z) to exert; to practice (*a profession*)
ejército army
el the (*m. def. art.*)
él *sub. pron.* he; *obj. of prep.* him
elección *f.* election
elegante elegant
elegir (i, i) (j) to select, choose
ella *sub. pron.* she; *obj. of prep.* her
ello *pron. neuter* it
ellos/as *sub. pron.* they; *obj. of prep.* them
elogio praise
embarcarse (qu) to embark, board ship
embargo: sin embargo nevertheless
emigrado/a emigrant
emigrar to emigrate
emoción *f.* emotion
emocionado/a moved, emotional
emocionante exciting
emotivo/a emotional
empanada turnover, pie
empeñar to pawn
emperador *m.* emperor
empezar (ie) (c) to begin; **empezar a +** *inf.* to begin to (*do something*)
empleado/a employee

empresa firm, company, business; **administración** (*f.*) **de empresas** business administration
empresario/a businessperson
empujar to push
en in, on, at; **en la actualidad** at this time, nowadays; **en aquel entonces** back then, at that time, in those days; **en broma** as a joke, jokingly; **en busca de** in search of; **en cambio** on the other hand; **en casa** at home; **en común** in common; **en conflicto** in conflict; **en contra (de)** against; **en cuanto a...** as far as . . . is concerned; **en este momento, en estos momentos** right now, currently; **en el fondo** deep down, at heart; **en forma** in good shape; **en general** generally, in general; **en realidad** actually, really; **en seguida** right away, immediately; **en venta** for sale; **pensar (ie) en** to think about
enamorado/a *n.* sweetheart; **estar** (*irreg.*) **enamorado/a (de)** to be in love (with)
enamorarse (de) to fall in love (with)
encantador(a) charming, delightful
encantar to enchant, charm; to love, like
encanto *n.* charm, enchantment; delight
encarcelado/a imprisoned
encargado/a in charge
encima *adv.* above; over; overhead; moreover; **encima de** *prep.* on top of
encontrar (ue) to meet; to find; **encontrarse** to find (*oneself*); **encontrarse con** to meet with
encuentro meeting, encounter
energía energy
enérgico/a energetic
enero January
enfadarse (con) to get angry (at, with)
enfermedad *f.* illness
enfermero/a nurse
enfermo/a *n.* sick person; *adj.* sick, ill
enfocarse (qu) to focus
enfrentar to face, confront; **enfrentarse (con)** to deal with, face (*a problem*)
engañar to deceive
enojado/a angry
enojarse (con) to get angry (at)
ensayar to rehearse
ensayo rehearsal
enseñar to teach; to show
entender (ie) to understand
enterarse (de) to find out (about)
entero/a entire, whole
enterrado/a buried, interred
enterrar (ie) to bury, inter
entonces then, at that time
entrada entrance; price of admission
entrar (en/a) to enter, go (in)
entre between, among; **entre la espada y la pared** between a rock and a hard place
entregar (gu) to surrender; to hand over
entrevista interview
entrevistar to interview
entusiasmar to cause enthusiasm
enviar to send
envidia envy; **tenerle** (*irreg.*) **envidia (a alguien)** to envy (*someone*)
envidioso/a envious
episodio episode
época epoch, period, era
equipado/a equipped
equipo team; equipment
equis: sacar (qu) rayos equis to take X-rays
equivocado/a mistaken

equivocarse (qu) to make a mistake
érase una vez once upon a time
error *m.* error
escalera step, stair; stairway; ladder; *pl.* stairs, steps
escapar(se) to escape
escena scene; stage
escoger (j) to choose
esconder to hide
escribir (*p.p.* **escrito/a**) to write
escrito/a (*p.p. of* **escribir**) written
escritor(a) writer
escuchar to listen (to)
escuela school; **escuela secundaria** high school
escultor(a) sculptor
ese, esa *adj.* that; **ése, ésa** *pron.* that one
esencial essential
esforzarse (ue) (c) to strive; to exert oneself
esfuerzo effort
esmero care, neatness
eso that, that thing, that fact; **por eso** for that reason, that's why
esos/as *adj.* those; **ésos/as** *pron.* those (ones)
espada: entre la espada y la pared between a rock and a hard place
España Spain
español *m.* Spanish (*language*)
español(a) *n.* Spaniard; *adj.* Spanish; **mundo de habla española** Spanish-speaking world
especial special
especialista *m., f.* specialist
especializarse (c) (en) to specialize (in); to major (in)
especialmente especially
específico/a specific
espectacular spectacular
espectáculo spectacle, show
esperanza(s) hope
esperar to wait (for); to hope; to expect
espíritu *m.* spirit; **espíritu de hierro** iron will
espontáneo/a spontaneous
esposo/a husband/wife; spouse; *m. pl.* husband and wife, spouses
esquí (*m.*) **acuático** water skiing
estable *adj.* stable
establecer (zc) to establish; **establecerse** to establish oneself, get settled
estación *f.* station; season; resort; **estación de gasolina** gas station; **estación del metro** subway station; **estación del tren** train station
estadio stadium
estado state
Estados Unidos *pl.* United States
estadounidense *of or from the United States*
estampilla stamp
estancia ranch; stay, visit
estar (*irreg.*) to be; to be located; **está a** it's at (it's worth); **estar a punto de** to be about to; **estar al tanto** to be informed, up to date; **estar de acuerdo (con)** to agree, be in agreement (with); **estar enamorado/a de** to be in love with; **estar envidioso/a (celoso/a) (de)** to be envious (jealous) (of); **estar harto/a (de/con)** to be fed up (with); **estar listo/a** to be ready; **estar mal** to be ill; **estar por +** *inf.* to be about to (*do something*); to be ready to (*do something*); **(no) estar seguro/a** (not) to be sure

este/a *adj.* this; **éste/a** *pron.* this one; **en este momento** right now, currently; **esta noche** tonight
estereotipo stereotype
estilo style
estimado/a dear (*correspondence salutation*)
estímulo stimulus
esto this, this thing, this matter
estorbar to be in the way
estos/as *adj.* these; **éstos/as** *pron.* these (ones); **en estos momentos** right now, currently
estrecho/a *adj.* narrow; close-knit; **relación** (*f.*) **estrecha** close, intimate relationship
estrella star
estrenar to debut, perform for the first time
estricto/a strict
estudiante *m., f.* student
estudiar to study
estudio study; **estudios agrícolas** agricultural studies
estudioso/a studious
estupendo/a wonderful, fantastic
etiqueta: de etiqueta formal (*dress*)
étnico/a ethnic
Europa Europe
europeo/a *n., adj.* European
evaluación *f.* evaluation
evidente evident, obvious
evitar to avoid
evolución *f.* evolution
ex esposo/a ex-husband/wife
ex novio/a ex-boyfriend/girlfriend
exagerar to exaggerate
examen *m.* exam; examination
examinar to examine
excavación *f.* excavation
excavar to excavate
exclamar to exclaim
excluido/a excluded
excusa excuse
exhausto/a exhausted
exhibir to exhibit
existir to exist
éxito success; **tener** (*irreg.*) **éxito** to be successful
exótico/a exotic
experiencia experience; experiment
experimentar to experience
explicación *f.* explanation
explicar (qu) to explain
exportación *f.* exportation, export
expresivo/a expressive
extranjero *n.* abroad; **en el extranjero** abroad
extranjero/a *n.* foreigner; *adj.* foreign; **lengua extranjera** foreign language
extrañar to miss, long for
extraño/a *n.* stranger; *adj.* strange
extravagancia folly
extrovertido/a extrovert

F
fabricar (qu) to manufacture, make
faceta facet, side
fácil easy
fácilmente easily
factor *m.* factor
facultad *f.* faculty, school
fallecido/a deceased
falso/a false
falta lack; **hacer** (*irreg.*) **falta** to be lacking, needed; **hacerle** (*irreg.*) **falta a alguien** to need (*something*)
faltar to be missing, lacking; to be absent

fama fame, reputation
familia family
familiar *n. m.* relation, member of the family; *adj.* family, related to the family
familiarizarse (c) to familiarize oneself
famoso/a famous
farmacia pharmacy
fascinante fascinating
fascinar to fascinate
fastidiar to "drive up a wall"
favor *m.* favor; **a favor** in favor; **por favor** please
favorito/a favorite
fe *f.* faith
fecha date
fechado/a dated
federal: distrito federal federal district
felicidad *f.* happiness
feliz (*pl.* **felices**) happy
feroz (*pl.* **feroces**) ferocious
ficción *f.* fiction
fiebre *f.* fever; **bajar la fiebre** to bring down one's fever; **tienes una fiebre alta** you (*fam.*) have a high fever; **tener** (*irreg.*) **una fiebre** to have a fever
fiel faithful
fiesta party; holiday; festival; **dar** (*irreg.*) **una fiesta** to give a party
figura figure
figurar (en) to be important (in)
fijarse en to pay attention to, take notice of, concentrate on
fijo/a fixed
fin *m.* end; **fin de semana** weekend; **por fin** at last, finally
final *n. m.* end; *adj.* final; **al final** in the end; **al final de** at the end of
financiero/a financial
finanzas finances
finca farm, ranch, hacienda
fineza class, good taste
fino sherry
firmar to sign
físico/a *adj.* physical
flotante floating
folklórico/a *adj.* folk
fondo background; *pl.* funds; **en el fondo** deep down, at heart
forma form; **en forma** in good shape
formación *f.* (professional) training; education
formar to form; to make; to shape; **formar parte de** to be or form a part of
foto(grafía) *f.* photo(graph); **tomar/ sacar (qu) una foto** to take a picture, photograph
fotográfico/a photographic
fracasar to fail
fracaso failure
fractura break, fracture
francés, francesa *n.* Frenchman, Frenchwoman; *adj.* French
Francia France
frase *f.* phrase; sentence
frecuencia frequency; **con frecuencia** often; frequently
frecuentar to frequent, go regularly to
frecuente frequent
frente a opposite, facing
fríamente coolly, coldly
frío *n.* cold; **hace (mucho) frío** it's (very) cold (*weather*)
frío/a *adj.* cold; **tener** (*irreg.*) **(mucho) frío** to be (very) cold
frito/a fried
frívolo/a frivolous
fructífero/a fruitful

fruta fruit
frutería fruit store
fue: se fue he/she went away
fuera *adv.* out, outside; **fuera de** *prep.* out(side) of
fuerte strong; nasty; hard
fuerza strength; *pl.* strength; forces
fumar: sección de (no) fumar (non)smoking section
funcionar to function, work (*machines*)
fundación *f.* foundation
fundador(a) founder
fundar to found
funeral *m.* funeral
funerario/a *adj.* funeral
furioso/a furious
fusilar to shoot
fútbol *m.* soccer
futuro *n.* future

G
galería gallery
ganador(a) winner
ganar to win; to earn; to gain
ganas: tener (*irreg.*) **ganas de** + *inf.* to feel like (*doing something*)
garganta throat
gasolina gasoline; **estación** (*f.*) **de gasolina** gas station
gastar to spend (*money*)
gasto expense
gato/a cat
gaveta drawer
generación *f.* generation
general *n. m., adj.* general; **en general** generally, in general; **por lo general** in general
generalización *f.* generalization
generoso/a generous
gente *f. s.* people; **tener** (*irreg.*) **don** (*m.*) **de gentes** to have a way with people
geografía geography
gerente *m., f.* manager
gesto expression
gimnasia *s.* gymnastics
gobernar (ie) to govern, rule
gobierno government
golf *m.* golf
golfo gulf
golpe *m.* blow (*injury*)
gordito/a plump, fat
gordo/a fat
gracias thank you; **dar** (*irreg.*) **las gracias** to thank; **día** (*m.*) **de Acción de Gracias** Thanksgiving Day; **¡gracias a Dios!** *interj.* thank God!; **muchas gracias** thank you very much
grado grade; degree (*temperature*)
graduarse (en) to graduate (from)
gran, grande large, big; great
grave grave, serious
gripe *f.* influenza, flu
gritar to shout
grito shout; cry
grosero/a crude, brutish
gruñón, gruñona *n.* grouch; *adj.* grouchy, irritable
grupo group
guantes *m.* gloves
guapo/a handsome; pretty
guardar to save, keep (*things, a secret*); to have; **guardar cama** to stay in bed
guardia *m.* guard
guerra war; **guerra civil** civil war
guerrero/a warlike
guía *m., f.* guide; **guía turístico/a** tour guide

guineo banana (*P.R.*)
guitarra guitar
gustar to like; to be pleasing to; **me gustaría** + *inf.* I would really like to (*do something*); **(no) gustarle** + *inf.* to (dis)like to (*do something*)
gusto pleasure; like, preference; taste; **mucho gusto** pleased to meet you

H

haber (*irreg.*) *inf. form of* **hay**; to have (*auxiliary*); to be; **va a haber** there's going to be
había there was, there were (*imperfect of* **hay**)
habilidad *f.* skill, ability
habitación *f.* room; **habitación doble** double room; **habitación individual** single room
habitante *m., f.* inhabitant
hablar to talk; to speak
hacendado/a wealthy rancher
hacer (*irreg.*) to do; to make; **desde hace años** for a number of years; **hace muchos años** many years ago; **hacer caso a** to pay attention to; **hacer las cuentas** to do the accounts; **hacer la maleta** to pack one's suitcase; **hacer el papel de** to play the role of; **hacer una oferta** to make an offer; **hacer un picnic** to have a picnic; **hacer planes** to make plans; **hacer una reservación** to make a reservation; **hacer un viaje** to take a trip; **hacerle daño (a alguien)** to hurt (someone); **hacerle preguntas (a alguien)** to ask (someone) questions; **hacerse tarde** to be getting late; **no hacer caso (de)** to pay no attention (*to an issue*); **no hacerle caso (a alguien)** to ignore (someone); **¿qué tiempo hace?** what's the weather like?; **se me hace tarde** it's getting late
hacia toward
hacienda estate, hacienda
hambre *f.* (*but* **el hambre**) hunger; **tener** (*irreg.*) **hambre** to be hungry
harto/a: estar (*irreg.*) **harto/a (de/con)** to be fed up (with)
hasta *prep.* until; **hasta finales de** until the end of; **hasta luego** until later, see you later; **hasta mañana** until tomorrow, see you tomorrow; **hasta pronto** see you soon; **hasta** *conj.* even; **hasta que** *conj.* until; **¿hasta qué punto?** up to what point?
hay there is, there are; **no hay** there is not/are not; **no hay de qué** you're welcome (*form.*)
hecho fact; **de hecho** in fact
hecho/a (*p.p. of* **hacer**) made; done
helado ice cream
helicóptero helicopter
herido/a wounded
hermanastro/a stepbrother, stepsister
hermano/a brother, sister (*family; religious vocation*); *m. pl.* brothers and sisters; **medio/a hermano/a** half brother, half sister
hermoso/a beautiful
héroe *m.* hero
hierro iron; **espíritu de hierro** iron will
hijastro/a stepson, stepdaughter
hijo/a son, daughter; child; *m. pl.* children; **hijo/a único/a** only child
¡híjole! *interj.* oh my gosh!
hinchado/a swollen
hipnotizar (c) to hypnotize

hispánico/a *adj.* Hispanic
histérico/a hysterical
historia history; story
histórico/a historic(al)
hoja leaf; sheet (of paper)
hojear to leaf through, glance through; to scan
hola hello, hi
hombre *m.* man; **hombre de negocios** businessman; **tienda de ropa para hombres** men's clothing store
honestidad *f.* honesty
honesto/a honest
honrar to honor
hora hour; time; **¿a qué hora?** at what time?
horizonte *m.* horizon
hospedarse to lodge, stay
hospital *m.* hospital
hotel *m.* hotel
hoy today
huérfano/a *n., adj.* orphan
humano/a human; **ser** (*m.*) **humano** human being
humilde *adj.* humble

I

ida *n.* departure; **billete** (*m.*) **de ida** one-way ticket; **pasaje** (*m.*) **de ida y vuelta** round-trip ticket (fare)
identidad *f.* identity
identificar (qu) to identify
idioma *m.* language
iglesia church
ignorar to not know, be unaware of
igual equal; the same
imaginación *f.* imagination
imaginar(se) to imagine
imaginativo/a imaginative
impaciente impatient
impacto impact
impedir (i, i) to hinder; to prevent
imperio empire
impetuoso/a impetuous, impulsive
imponer (*like* **poner**) to impose
importancia importance
importante important
importar to be important, matter; **me importa un comino** I couldn't care less
imposible impossible
impresión *f.* impression; **causar una buena impresión** to make a good impression
impresionado/a impressed
impresionante impressive
impresionar to impress
improbable improbable
impuesto *n.* tax, duty
incapaz (*pl.* **incapaces**) incapable
incidente *m.* incident
inclinación *f.* inclination
incluido/a included
incluir (y) to include
incluso *adv.* even
inconsciente unconscious
incorrecto/a incorrect
independencia independence
independiente independent
indicación *f.* instruction; direction
indicar (qu) to indicate, point out
indiferencia indifference
indiferente indifferent
indígena *n. m., f.* native; *adj.* indigenous, native
indio/a *n., adj.* Indian
individual: habitación (*f.*) **individual** single room
individuo *n.* individual

industria industry
industrial *n. m.* industrialist, manufacturer
inesperado/a unexpected
infancia childhood
influencia influence
influir (y) to influence
información *f.* information
informar to inform; **informarse** to inquire, find out
informe *m.* report
ingeniero/a engineer
ingenuo/a naive, ingenuous
inglés *m.* English (*language*)
ingresos *pl.* income
iniciar to initiate; to start
inmediatamente immediately, right away
inocente innocent
inolvidable unforgettable
inquieto/a anxious
insinuar to insinuate, hint at; **insinuarse** to ingratiate oneself
insistir (en) to insist (on)
instalarse to establish oneself, settle in
instante *m.* instant
instinto instinct
insultar to insult
insulto insult
integrar to integrate
inteligencia intelligence
inteligente intelligent
intención *f.* intention
intenso/a intense
intentar to try, attempt
intento intention; attempt
interacción *f.* interaction
intercambiar to exchange
intercambio exchanges
interés *m.* interest
interesado/a interested
interesante *adj.* interesting
interesar to interest, be of interest; **interesarse (en)** to be interested (in)
interior *n. m.* interior
internacional international
interrumpido/a interrupted
intervenir (*like* **venir**) to intervene; to interfere
íntimo/a intimate, close
intruso/a *n.* intruder
intuir (y) to sense, feel
invadir to invade
inventar to invent
inversión *f.* investment
investigación *f.* investigation
investigar (gu) to investigate
invitación *f.* invitation
invitar to invite (*with the intention of paying*)
involucrar to involve, implicate
inyección *f.* shot, injection; **ponerle** (*irreg.*) **una inyección** to give (someone) a shot, injection
ir (*irreg.*) to go; **ir a** + *inf.* to be going to (*do something*); **ir a un parque** to go to a park; **ir de compras** to go shopping; **irse** to go away, leave (*for a place*); **va a haber** there's going to be; **¿vamos?** shall we go?; **¡vamos!** *interj.* let's go!
irónico/a ironic
isla island
Italia Italy
italiano/a *n., adj.* Italian
izquierdo/a *adj.* left (*direction*)

J

jamás never
jardín *m.* garden

jefe/a boss
jerez *m.* sherry
joven *n. m., f.* young person; *adj.* young
jubilado/a *n.* retired person; *adj.* retired
jubilarse to retire
judío/a *n.* Jew; *adj.* Jewish
juego game; gambling; **Juegos Olímpicos** Olympic Games
jugador(a) player; gambler
jugar (ue) (gu) (a) to play (*a game or sport*); **jugar (por dinero)** to gamble; **jugar al póquer** to play poker
juguete *m.* toy
junto a next to; **junto con** together with
juntos/as together
jurar to swear
justificar (qu) to justify
justo *adv.* just, exactly; **justo ahora** right now, just now

L

la (*f. def. art.*); **a la(s)...** at (*hour*)
la *d.o.* you (*form. s.*), her, it (*f.*)
lado side; **al lado de** beside, next to; **de al lado** next door; **por un/otro lado** on the one (other) hand
ladrón, ladrona thief
lágrima tear
largamente at length, for a long time
largo/a long; **a lo largo de** during; **llamada de larga distancia** long-distance call
las the (*pl. f. def. art.*); you (*pl. f. form. pers. pron.*), them (*pl. f. pers. pron.*); *pron.* those; **las demás** the rest, the others, others, other people
lástima *n.* pity; **es (una) lástima** it's a shame
lastimado/a hurt
lastimar to hurt
latino/a *n., adj.* Latin; **América Latina** Latin America
Latinoamérica Latin America
latinoamericano/a *n., adj.* Latin American
le *i.o.* to/for you (*form. s.*), him, her, it
lección *f.* lesson
leer (y) to read
legal legal
legitimidad *f.* legitimacy
legítimo/a legitimate
legumbre *f.* vegetable
lejos far away; **lejos de** *prep.* far from
lengua language; tongue; **lengua extranjera** foreign language; **sacar (qu) la lengua** to stick out one's tongue
les *i.o.* to/for you (*form. pl.*), them
lesión *f.* injury, wound, lesion
letra letter (*of alphabet*); lyrics; *pl.* liberal arts
levantar to lift, raise; **levantarse** to get up; to rise up, rebel
libre free; **tiempo libre / ratos libres** free time, spare time
librería bookstore
libro book
líder *m.* leader
ligar (gu) con to pick (*someone*) up
limitado/a limited
limpiar to clean
lindo/a pretty
línea line
lingüístico/a *adj.* linguistic
lista list
listo/a: estar (*irreg.*) **listo/a** to be ready, prepared; **ser** (*irreg.*) **listo/a** to be bright, smart
literario/a literary; **obras literarias** literary works

literatura literature
llama: se llama (he/she) is called, named
llamada *n.* call; **llamada de larga distancia** long-distance call; **llamada telefónica** telephone call
llamado/a named; so-called
llamar to call (out); to call (*by phone*); **llamar la atención** to attract attention; **llamarse** to be called, named
llave *f.* key
llegada arrival
llegar (gu) to arrive; **llegar a ser** to become
llenar to fill
lleno/a full, filled
llevar to take; to carry; to wear; to have spent (time); **llevar (las) cuentas** to keep the books; **llevarse bien/mal (con)** to get along well/badly (with)
llorar to cry, weep
lo *d.o.* you (*form. s.*), him, it (*m.*); **lo antes posible** as soon as possible; **lo cual** which; **lo más posible** as much as possible; **lo más pronto posible** as soon as possible; **lo que** what, that which; **lo siento** I'm sorry
lógico/a logical
lograr to manage to, be able
los the (*pl. m. def. art.*); *d.o.* you (*form. pl.*), them (*m.*); *pron.* those; **los demás** the rest, the others, others, other people
lotería lottery
lucha fight
luchador(a) fighter
luchar to fight
luego then, next; later; **desde luego** of course; **hasta luego** until later, see you later
lugar *n. m.* place; **en primer lugar** in the first place, firstly; **tener** (*irreg.*) **lugar** to take place
luna moon; **luna de miel** honeymoon
luz *f.* (*pl.* **luces**) light

M

macho male, manly, macho
madre *f.* mother
madrugada *f.* dawn
maestro/a teacher; master
mal, malo/a *adj.* bad; **hace (muy) mal tiempo** the weather's (very) bad; *adv.* badly; **andar** (*irreg.*) **mal** to be going badly; **caerle** (*irreg.*) **mal (a alguien)** to not like, make a bad impression on (someone); **estar** (*irreg.*) **mal** to be ill; **llevarse mal (con)** to get along badly (with); **manejar mal** to manage (*something*) badly; **pasarlo mal** to have a bad time; **sentirse (ie, i) mal** to feel bad, ill
maleta suitcase; **hacer** (*irreg.*) **la maleta** to pack one's suitcase
mandar to send; to order
mandón, mandona bossy
manejar to drive; **manejar (bien/mal)** to manage (*something*) (well/badly)
manera manner, way
manía mania
maniobra *n.* maneuver, trick
mano *f.* hand; **darse** (*irreg.*) **la mano** to shake hands
mantener (*like* **tener**) to maintain, keep up; to support (*a family*)
manzana apple; city block (*Sp.*)
mañana *n.* morning; *adv.* tomorrow
mapa *m.* map
máquina tragamonedas slot machine
mar *m., f.* sea

marcar (qu) to mark
marco frame
margarita daisy; drink made with tequila
marido husband
marinero/a sailor
marisco shellfish; *pl.* seafood
más more; most; plus; **a más tardar** at the latest; **cada vez más** more and more; **lo más posible** as much as possible; **lo más pronto posible** as soon as possible; **más allá de** *prep.* beyond; **más de** more than; **más o menos** more or less; **más tarde** later
matemáticas *pl.* mathematics
mateo carriage; **andar** (*irreg.*) **en mateo** to take a carriage ride
materia subject; *pl.* courses
matricularse to matriculate; enroll
matrimonial marital
matrimonio marriage; married couple
maya *n. m., f.* Maya; *adj.* Mayan
mayo May
mayor bigger; biggest; older; oldest; greater; main
mayoría majority
mayoritario/a pertaining to the majority
me *d.o.* me; *i.o.* to/for me; *refl. pron.* myself; **¿me permite... ?** could you give me . . . ?
mecánico mechanic
media thirty (*half past*) (*with time*)
medicina medicine
médico/a *n.* doctor; *adj.* medical
medida measure, step
medio *n.* middle; means; medium; environment; culture
medio/a *adj.* half; average; **medio/a hermano/a** half brother, half sister
Mediterráneo Mediterranean
mejor better; best
mejorar to improve; to raise
melancólico/a *adj.* melancholy
memoria memory; **de memoria** by heart
mencionar to mention
menino/a *young page of the royal family; young lady-in-waiting*
menor younger; smaller; lesser; **el/la menor** youngest; smallest; slightest
menos less; least; minus; except; **a menos que** unless; **al menos** at least; **echar de menos** to miss, long for; **más o menos** more or less; **por lo menos** at least
mensaje *m.* message
mente *f.* mind
mentir (ie, i) to lie
mercadillo market
mercado market
mes *m.* month
mesa table
meseta plain, plateau
mestizo/a *n., adj.* mestizo
meta goal
meterse (en) to get involved (with, in); to meddle (in); to get into, enter
mexicano/a *n., adj.* Mexican
México Mexico; **Ciudad** (*f.*) **de México** Mexico City
mexicoamericano/a *n., adj.* Mexican American
mi(s) *poss.* my
mí *obj. of prep.* me; myself
miedo: tener (*irreg.*) **miedo (de)** to be afraid (of)
miel *f.* honey; **luna de miel** honeymoon
miembro member
mientras *conj.* while; *adv.* meanwhile; **mientras tanto** meanwhile

mil (one) thousand
milagro miracle
militar *n.* soldier, military man; *adj.* military
mimado/a spoiled, overindulged
mimar to spoil, indulge
mimo spoiling, overindulgence
mínimo/a minimal
minuto minute
mío/a(s) *poss.* my; mine; of mine
mirar to look (at); to watch
mismo/a same; **ahora mismo** right now; **al mismo tiempo** at the same time; **sí mismo/a** himself, herself, itself
misterioso/a mysterious
moda fashion, mode; **de moda** fashionable
modales *m. pl.* manners
modelo *n.* model; *adj. m., f.* model
moderar to moderate
moderno/a modern
modificar (qu) to modify
modo manner, way
moldear to mold
molestar to bother, annoy; **molestarse** to get irritated
molestia bother; **siento la molestia** I'm sorry to bother you
momento moment; **de momento** for the moment; **en este momento, en estos momentos** right now, currently; **por el momento** for the time being
moneda coin
montaña mountain
monumento monument
morir(se) (ue, u) (*p.p.* **muerto/a**) to die
mostrar (ue) to show
motivo motif; motive; **el motivo por el cual** the reason why
muchacho/a young boy/girl
mucho *adv.* much, a lot of
mucho/a *adj.* a lot of; *pl.* many; **muchas gracias** thank you very much; **muchas veces** often; **mucho gusto** pleased to meet you
mudarse to move (*from one residence or city to another*)
muerte *f.* death
muerto/a (*p.p. of* **morir**) dead
muestra proof
mujer *f.* woman; wife; **mujer de negocios** businesswoman; **tienda de ropa para mujeres** women's clothing store
mujeriego womanizer
mundial world(wide); **Copa Mundial** World Cup (*soccer*)
mundo world; **Nuevo Mundo** New World; **todo el mundo** the whole world; everybody
mural *m.* mural
muralista *m., f.* muralist
murmurar to murmur, whisper
museo museum; **visitar un museo** to visit a museum
música music
músico *m., f.* musician
mutuo/a mutual
muy very; **muy bien** very well

N

nacer (zc) to be born
nacimiento birth; **certificado de nacimiento** birth certificate; **de nacimiento** by birth
nación *f.* nation
nacional national
nacionalista *m., f.* nationalist
nada *pron.* nothing, not anything; *adv.* not at all

nadar to swim
nadie no one
naranja *n.* orange (*fruit*)
nariz *f.* nose
narración *f.* narration
narrador(a) narrator
natación *f.* swimming
natal natal, native
naturaleza nature
necesario/a necessary
necesidad *f.* necessity, need
necesitar to need
negarse (ie) (gu) a + *inf.* to refuse to (*do something*)
negativa *n.* refusal
negativo/a *adj.* negative
negocio(s) business; shop; **dueño/a de negocios** shop owner; **hombre** (*m.*) **de negocios** businessman; **mujer** (*f.*) **de negocios** businesswoman
ni neither, nor
nieto/a grandson, granddaughter; *m. pl.* grandchildren
ningún, ninguno/a *adj.* no, none, not any; **en ninguna parte** not anywhere, nowhere
ninguno/a *pron.* not one, not any
niñez *f.* (*pl.* **niñeces**) childhood
niño/a young boy, young girl; young child; *m. pl.* young children
no no; not; **¿no?** right?, don't they (you, *etc.*)?; **no hay** there is not/are not; **ya no** no longer
noche *f.* night, evening; **buenas noches** good evening/night; **esta noche** tonight; **por la noche** in the evening
nombrar to name
nombre *m.* (first) name; **a nombre de** in the name of
normalidad *f.* normality
norte *m.* north
Norteamérica North America
norteamericano/a *n., adj.* North American; *adj.* from the United States; **fútbol** (*m.*) **norteamericano** football
nos *d.o.* us; *i.o.* to/for us; *refl. pron.* ourselves
nosotros/as *sub. pron.* we; *obj. of prep.* us
nota note; grade, mark (*in schoolwork*); **sacar (qu) buenas/malas notas** to get good/bad grades
notar to note, notice; **notarse** to be noted
noticia piece of news; *pl.* news
novela novel; **leer (y) novelas** to read novels
noviazgo engagement, courtship
novio/a boyfriend, girlfriend; fiancé(e)
nube *f.* cloud
nuestro/a(s) *poss.* our
nuevo/a new; **de nuevo** again
número number
nunca never, not ever

O

o or
obediencia obedience
obelisco obelisk
objeto object
obra work (*of art, literature, etc.*); play; **obra de teatro** play, dramatic work; **obra literaria** literary work
obrero: clase (*f.*) **obrera** working class
observar to observe; watch
obsesionarse to be(come) obsessed
obtener (*like* **tener**) to obtain, get
obvio/a obvious
ocasión *f.* occasion, opportunity

océano ocean; **Océano Atlántico** Atlantic Ocean; **Océano Pacífico** Pacific Ocean
ocho eight
ocultar to hide
ocupado/a busy
ocupar to occupy; **ocuparse** to occupy oneself
ocurrir to happen, occur; **ocurrirse** to come to mind
odio hatred, hate
ofensa offense, affront
ofensivo/a offensive
oferta offer; **aceptar la oferta** to accept the offer; **hacer** (*irreg.*) **una oferta** to make an offer; **oferta de trabajo** job offer
oficial *adj.* official
oficina office
oficio occupation, profession
ofrecer (zc) to offer
oído (inner) ear
oír to hear; to listen
ojalá (que) God willing; I hope
ojo eye; **¡ojo!** *interj.* watch out!, be careful!, pay close attention!; **ojos expresivos** expressive eyes
olímpico/a Olympic; **Juegos Olímpicos** Olympic Games
olvidar(se) (de) to forget (about)
omitir to omit, leave out
once eleven
ópera opera
operar to operate
opinar to think, have an opinion
opinión *f.* opinion
oponer(se) (*like* **poner**) to oppose; to be opposed
oportunidad *f.* opportunity
oportuno/a opportune
optimista *m., f.* optimist; *adj.* optimistic
oración *f.* sentence
orden *m.* order (*chronological*); *f.* order (*command*); **en orden** (*m.*) **cronológico** in chronological order
ordenar to order a meal (*Mex.*)
oreja (outer) ear
orfanato orphanage
organización *f.* organization
organizar (c) to organize
orgulloso/a proud
origen *m.* origin
oro gold
orquesta orchestra
os *d.o.* you (*fam. pl. Sp.*); *i.o.* to/for you (*fam. pl. Sp.*); *refl. pron.* yourselves (*fam. pl. Sp.*)
otoño autumn
otro/a other, another

P

paciente *n. m., f.* patient; *adj.* patient
pacífico/a peaceful; **Océano Pacífico** Pacific Ocean
padrastro stepfather
padre *m.* father; priest; *pl.* parents
pagar (gu) to pay (for)
página page
país *m.* country, nation
paisaje *m.* landscape, scenery
palabra word
paloma pigeon
panorámico/a panoramic
pantalón, pantalones *m.* pants
papa potato (*L.A.*)
papá *m.* dad, father
papel *m.* paper; role; **hacer** (*irreg.*) **el papel de** to play the role of

paquete *m.* package

par *m.* pair; **un par de** a pair of; **un par de (días)** a few (days)

para *prep.* for, in order to; **no es para tanto** it's not that big a deal; **para que** *conj.* so that, in order that (for)

paradero whereabouts, location

parar to stop

parecer (zc) *v.* to seem, appear; **parecerse a** to be similar to; to resemble

parecer *n. m.* appearance

parecido *n.* resemblance

parecido/a *adj.* similar

pared *f.* wall; **entre la espada y la pared** between a rock and a hard place

pareja couple

parentesco relationship

pariente *m.* relative, family member

parque *m.* park

párrafo paragraph

parrilla grill

parrillada barbecue

parte *f.* part; **por parte (de alguien)** on behalf of (someone)

participar to participate

particular *n.* matter; *adj.* particular; private

partido game, match; (political) party; side

parto childbirth

pasado *n.* past

pasaje *m.* passage, fare; ticket; **pasaje de ida y vuelta** round-trip fare

pasajero/a *n.* passenger; *adj.* passing

pasaporte *m.* passport

pasar to happen; to pass (*someone*); to come by; to pass, spend (*time*); **pasar por** to come by to pick up (*someone, something*); **pasarlo bien/mal** to have a good/bad time; **para saber qué pasó** to find out what happened

pasatiempo hobby

pasear to stroll, take a walk

paseo walk; drive; avenue; **dar** (*irreg.*) **un paseo** to take a walk

pasión *f.* passion

paso step; float (*in parade*); passing, passage

pastel *m.* cake; pie

pastelería pastry shop; bakery

pastilla pill, tablet

paterno/a paternal

patio patio; yard

patriarca *m.* patriarch (*male head of the family*)

patrocinador(a) sponsor; backer

patrón, patrona patron (*saint*)

paz *f.* peace; **que en paz descanse** may he/she rest in peace

peaje *m.* toll; tollbooth

pedir (i, i) to ask for, order; **pedir prestado** to borrow

pelea fight

pelear(se) (con) to fight (with)

película movie, film

peligro danger

peligroso/a dangerous

pelo hair

pena punishment; sorrow; **es una pena** it's a pity; **me da pena** I'm sorry; **(no) vale la pena** it's (not) worth the trouble; **¡qué pena!** *interj.* what a pity!

pensar (ie) to think; **pensar** + *inf.* to intend to (*do something*); **para pensar** something to think about; **pensar en** to think about

pensativo/a thoughtful, pensive

peor *adv.* worse; worst

pequeño/a small; **desde pequeño/a** since he/she was small

pera pear

percusión *f.* percussion

perder (ie) to lose; to miss; **perderse** to get lost

pérdida loss

perdón *m.* pardon; *interj.* pardon me, excuse me

perdonar to pardon; **perdone** *interj.* pardon me, excuse me

perfecto/a perfect

periódico newspaper

permanente permanent

permiso permission

permitir to permit, allow; **¿me permite... ?** could you give me . . . ?

pero *conj.* but

perplejo/a perplexed

perro/a dog

persistente persistent

persona person

personaje *m.* character

personal *n. m.* personnel; *adj.* personal

personalidad *f.* personality

perspicaz (*pl.* **perspicaces**) clever

pertenecer (zc) to belong

pesadilla nightmare

pesar to weigh; **a pesar de** in spite of

pescadería fish market

pescadero/a fishmonger; fishwife

pescado (*caught*) fish

peseta *monetary unit of Spain;* **peseta puertorriqueña** quarter (*U.S. coin used as monetary unit of Puerto Rico*)

pesimismo pessimism

pesimista *n. m., f.* pessimist; *adj.* pessimistic

peso *monetary unit of Mexico;* weight; **bajar de peso** to lose weight

petróleo petroleum

picnic *m.* picnic; **hacer** (*irreg.*) **un picnic** to have a picnic

piedra stone

pintar to paint

pintor(a) painter

pintura painting

pirámide *f.* pyramid

piscina pool

pizarra chalkboard

plan *m.* plan; **hacer** (*irreg.*) **planes** to make plans

plano (turístico) map (*of a city*)

plátano banana

plato plate, dish; **plato principal** entree, main dish

playa beach

plaza plaza, square; place

pleno/a full

pobre *n. m., f.* poor person; *adj.* poor

pobreza poverty

poco *n.:* **un poco de** a little

poco *adv.* little; **poco a poco** little by little; **por poco** almost, nearly

poco/a *adj.* little; *pl.* few, a few; **al poco tiempo** shortly after

poder *v.* (*irreg.*) to be able, can; *n. m.* power

¿podría + *inf.?* could I (*do something*)?; is it possible for me to (*do something*)?

poema *m.* poem

poesía poetry

policía police

poliéster *m.* polyester

política *s.* politics

político/a *n.* politician; *adj.* political

pollo chicken

poner (*irreg.*) to put, place; to put on; **poner (a alguien) a cargo (de)** to put (someone) in charge (of); **ponerle una inyección (a alguien)** to give (someone) a shot, injection; **ponerse** + *adj.* to become + *adj.;* **ponerse a mando** to take command

por *prep.* by; in (*the morning, evening, etc.*); through; along; for; because of; per; **estar** (*irreg.*) **por** + *inf.* to be about to (*do something*); to be ready to (*do something*); **pasar por** to come by to pick up (*someone, something*); **por bien o por mal** for better or worse; **por casualidad** by chance; **por cierto** by the way; certainly; **por completo** completely; **por delante** ahead of one; **por desgracia** unfortunately; **¡por Dios!** *interj.* for heaven's sake!; **por ejemplo** for example; **por eso** for that reason, that's why; **por excelencia** par excellence; **por favor** please; **por fin** at last, finally; **por un lado** on the one hand; **por lo general** generally, in general; **por lo menos** at least; **por la mañana** in the morning; **por el momento** for the time being; **por otra parte** on the other hand; **por otro lado** on the other hand; **por parte (de alguien)** on behalf of (someone); **por poco** almost, nearly; **por primera vez** for the first time; **por su propia cuenta** on his/her/its/your/their own account; **por supuesto** of course; **por la tarde/noche** in the afternoon/evening; **por teléfono** by telephone; **por todas partes** all over; everywhere; **por última vez** for the last time

¿por qué? why?

porcentaje *m.* percentage

porque because

portarse to behave; **portarse** + *adv.* to act + *adj.;* to behave + *adv.*

poseer (y) to possess

posibilidad *f.* possibility

posible possible; **lo antes posible** as soon as possible; **lo más pronto posible** as soon as possible

posición *f.* position

positivo/a positive

postal *f.* postcard; **tarjeta postal** postcard

postre *m.* dessert

práctica practice

practicar (qu) to practice, participate in (*sports*)

práctico/a *adj.* practical

pragmático/a pragmatic

precio price

precipitadamente hastily, hurriedly

precisamente precisely, exactly

preferencia preference

preferir (ie, i) to prefer

pregunta question; **hacerle** (*irreg.*) **preguntas (a alguien)** to ask (someone) questions

preguntar to ask (*a question*); **preguntarse** to wonder; to ask oneself

prehispánico/a *n., adj.* pre-Hispanic

premio prize

preocupación *f.* preoccupation, worry

preocupar(se) to worry

preparación *f.* preparation

preparar to prepare

preparativos preparations

presentar to present; to introduce; **presentarse** to appear

presente *n. m.; adj. m., f.* present

presentimiento presentiment, premonition
presentir (ie, i) to have a presentiment of
presidencial presidential
presidente *m., f.* president
prestado: pedir (i, i) prestado to borrow
préstamo *n.* loan
prestigio prestige
presupuesto budget
previo/a previous
primaria: (escuela) primaria elementary school
primavera spring
primer, primero/a first; **amor** (*m.*) **a primera vista** love at first sight; **en primer lugar** in the first place, firstly; **(por) primera vez** (for the) first time
primo: materia prima raw material
princesa princess
principal main, principal; **plato principal** entree, main dish
príncipe *m.* prince
principio beginning; **al principio** at first; at the beginning
prisa haste; **tener** (*irreg.*) **prisa (por + inf.)** to be in a hurry (*to do something*)
prisión *f.* prison
privado/a private, personal; **vida privada** personal life
probable probable
probar (ue) to try (on); to taste (*food*); to prove
problema *m.* problem
problemático/a problematic
producción *f.* production
producir (zc) to produce
productor(a) producer
profesión *f.* profession
profesional *adj.* professional; **secreto profesional** confidentiality
profesor(a) teacher, professor
profundo/a profound
programación (*f.*) **de computadoras** computer programming
programador(a) programmer; **programador(a) de computadoras** computer programmer (*L.A.*)
progresar to progress
prohibir to prohibit, forbid
promesa promise
prometer to promise
pronto soon; **lo más pronto posible** as soon as possible; **tan pronto como** as soon as
propietario/a proprietor, owner
propina tip
propio/a *adj.* own, one's own; **por su propia cuenta** on his/her/its/your/their own account
proponer (*like* **poner**) to propose
prosperar to prosper
próspero/a prosperous
proteger (j) to protect
protestar (por) to protest (about)
provocar (qu) to provoke
próximo/a next
proyecto project
prueba(s) proof; test
psicología psychology
psicológico/a psychological
psiquiatra *m., f.* psychiatrist
psiquiatría psychiatry
pueblo people; town
puente *m.* bridge
puerta door; **tocar (qu) la puerta** to knock on the door
puerto port
puertorriqueño/a *n., adj.* Puerto Rican

pues *interj.* well
puesto *n.* position, job
puesto/a (*p.p. of* **poner**) put, placed
pulsera bracelet
punto point; (**estar** [*irreg.*]) **a punto de** (to be) at the point of; about to; **punto de vista** point of view

Q

que that, who; **lo que** what, that which; **el mes/año... que viene** the coming, next month/year . . .; **para que** so that, in order that/for; **¡qué + n./adj./adv.!** *interj.* what a . . . !; how . . . !; **¡qué barbaridad!** how awful!; **qué en paz descanse** may he/she rest in peace; **¡qué pena!** what a pity!; **¡qué va!** don't put me on!; **¡qué vergüenza!** how embarrassing!; **ya que** since
¿qué? what? which?; **¿qué diablos?** what the devil?; **¿qué tal?** how are you (doing)?; how about . . . ?; **¿qué tal si... ?** what if . . . ?; **¿y qué?** so what?; what do you want me to do?
quedar to be situated; **quedar + adj.** to be + *adj.*; **quedarse** to stay, remain; to be left; **quedarse + adj.** to become + *adj.*
quejarse (de) to complain (about)
querer (*irreg.*) to wish, want; to love
querido/a (de) *adj.* dear; loved (by)
quien who
¿quién(es)? who?, whom?; **¿a quién?** to whom?; **¿con quién?** with whom?; **¿de quién?** whose?; **¿para quién?** for whom?
quince fifteen
quisiera + inf. I would like to (*do something*)
quizá(s) maybe, perhaps

R

radicar (qu) to live; to be located
raíz (*pl.* **raíces**) root; (**agente** [*m., f.*] **de) bienes** (*m. pl.*) **raíces** real estate (agent)
rápido/a rapid, fast; express, fast (*train*)
raro/a rare, uncommon; odd, peculiar
rascacielos *m. inv.* skyscraper
rasgo characteristic
rato while, short time; period of time; **ratos libres** *pl.* spare time, free time
rayo ray; **rayos X** X-rays; **sacar (qu) rayos X** to take X-rays
razón *f.* reason, cause; reason, faculty of reasoning; **con razón** understandably so; **tener** (*irreg.*) **razón** to be right
razonable reasonable
reacción *f.* reaction
reaccionar to react
realidad *f.* reality; **en realidad** actually, really
realista *n. m., f.* realist; *adj.* realistic
realización *f.* fulfillment
realizar (c) to carry out; to fulfill, accomplish
realmente really, truly; actually
recado message
recepción *f.* front desk (*in a hotel*); reception
recepcionista *m., f.* receptionist
rechazar (c) to reject; **rechazar la oferta** to reject the offer
rechazo rejection
recibir to get, receive; to receive (*visitors*)
recibo receipt
reciente recent; fresh
recoger (j) to pick up; to go for
recomendación *f.* recommendation
recomendar (ie) to recommend

reconciliarse (con) to be reconciled, come together; to make up (with)
reconocer (zc) to recognize; to acknowledge
reconstruir (y) to reconstruct, to rebuild
recordar (ue) to remember, recall; to recollect; **recordarle (algo) (a alguien)** to remind (someone) of (something)
recuerdo memory; memento, souvenir
recuperar to recover, retrieve
recurrir (a) to resort (to)
recurso natural natural resource
reemplazar (c) to replace
referirse (ie, i) (a) to refer (to)
reflexión *f.* reflection
reflexionar (sobre) to reflect (on)
reflexivo/a reflective, thoughtful
refrescarse (qu) to refresh oneself
refugiado/a *n., adj.* refugee
regalo gift, present
regatear to bargain, haggle
regateo bargaining, haggling
régimen *m.* regime
región *f.* region
regresar to return, come or go back
regreso *n.* return; **de regreso a** on returning to
regular fair, average; common, ordinary
rehacer (*like* **hacer**) to remake, make over
reino kingdom
relación *f.* relation, relationship; **relación estrecha** close, intimate relationship
relacionar to relate; to associate
relativo/a *adj.* relative
religioso/a religious
reloj *m.* watch, clock
remar to row
remolcar (qu) to tow
renacer (zc) to reappear; to be reborn
renunciar to renounce, give up (*right, claim*); to resign (*post, position*)
reparaciones *f.* repairs; **taller** (*m.*) **de reparaciones** repair shop
reparar to repair
repaso *n.* review
repente: de repente suddenly
repetir (i, i) to repeat
reponerse (*like* **poner**) to recover (*from an illness*); to get better
reportaje *m.* article; report; special feature
reporte *m.* report
reportero/a reporter
representar to represent; to act, perform; to show, express
reprochar to reproach
requerir (ie, i) to require
rescatar to save, rescue
rescate *m.* rescue
resentimiento resentment
resentir (ie, i) to be resentful
reservación *f.* reservation (*L.A.*); **hacer** (*irreg.*) **una reservación** to make a reservation
reservar to reserve
resfriado *n.* cold
resfriarse to catch a cold
resolver (ue) (*p.p.* **resuelto/a**) to resolve; to solve
respecto: con respecto a with respect to
respetar to respect
responder to respond
responsabilidad *f.* responsibility
respuesta answer
restaurante *m.* restaurant
resto *n.* rest
resultado result
resultar to result; to prove, turn out to be

resumen *m.* summary
resumir to sum up, summarize
retrato portrait
reunión *f.* meeting, gathering
reunirse (con) to get (back) together (with); to be reunited (with)
revelación *f.* revelation; unveiling
revelar to reveal
revisar to check, inspect; **revisar las cuentas** to audit accounts
revista magazine
revolución *f.* revolution
revolucionario/a *n., adj.* revolutionary
rezongón, rezongona *n.* grouch, grumbler; *adj.* grouchy
rico/a *n.* rich person; *adj.* rich; wealthy; tasty, delicious (*food*); abundant (*crops*)
riesgo risk
risueño/a *adj.* smiling
robar to steal, rob
rodeado/a (de) surrounded (by)
rojo/a red
romántico/a romantic
romper (con) to break off relations with (*someone*)
ropa clothing; **cambiarse de ropa** to change one's clothes; **tienda de ropa para hombres/mujeres** men's/women's clothing store
rosa rose; rose color
ruido noise
ruina ruin
ruleta roulette
ruta route, way

S

S.A. (sociedad anónima) Inc. (incorporated; stock company)
sábado Saturday
saber (*irreg.*) to know (*information*); **saber** + *inf.* to know how (*to do something*)
sacar (qu) to get out; to take out; to take out, withdraw (*from an account*); to get, receive (*grades*); **sacar buenas/malas notas** to get good/bad grades; **sacar una foto** to take a picture, photograph; **sacar la lengua** to stick out one's tongue; **sacar rayos X (equis)** to take X-rays
sacrificar (qu) to sacrifice
sala living room; **sala de cine/teatro** theater
salario salary
salida departure
salir (*irreg.*) to leave (*a place*), go out; to turn out
salud *f.* health; **¡salud!** *interj.* to your health!
saludar to greet
saludo greeting
salvar to save; to rescue
san, santo/a *n.* saint; *adj.* holy
sano/a healthy; wholesome; sound
satisfacer (*like* **hacer**) (*p.p.* **satisfecho/a**) to satisfy
se (*impersonal*) one; *refl. pron.* yourself (*form.*), himself, herself, yourselves (*form.*), themselves
secadora clothes dryer
sección *f.* section
secretario/a secretary
secreto secret; **secreto profesional** confidentiality
secundario/a secondary; **(escuela) secundaria** high school

seda silk
seducción *f.* seduction; charm, allure
seguida: en seguida right away, immediately
seguir (i, i) (g) to follow; to continue; to keep on
según according to
segundo *n.* second (*time*)
segundo/a *adj.* second
seguridad *f.* security, safety
seguro/a *adj.* sure, certain; safe; **(no) estar** (*irreg.*) **seguro/a** (not) to be sure; **seguro que** of course, certainly
sello stamp
semana week; **fin** (*m.*) **de semana** weekend
semestre *m.* semester
seminario seminary
sencillo/a simple
sensación *f.* sensation, feeling
sensible sensitive
sentar (ie) to seat, lead to a seat; **sentarse** to sit, sit down
sentido sense; **sentido común** common sense; **sentido de culpabilidad** sense of guilt or responsibility
sentimiento feeling
sentir (ie, i) to feel; to regret; to feel sorry about; **lo siento** I'm sorry; **sentirse** to feel; **sentirse bien/mal** to feel well/bad (*ill*)
señal *f.* signal; sign
señor (Sr.) *m.* Mr., sir; gentleman, man
señora (Sra.) *f.* Mrs.; lady, woman
señores (Sres.) *m. pl.* Mr. and Mrs.; gentlemen
señorita (Srta.) Miss; young lady, woman
separación *f.* separation
separar(se) to separate
septiembre *m.* September
séptimo/a seventh
ser (*irreg.*) to be; **es cierto** it's certain; **es decir** that is to say; **es una pena** it's a pity; **llegar (gu) a ser** to become; **ser listo/a** to be bright, smart; **ser unido/a** to be united, close-knit, close
ser *n. m.* being; life; **ser humano** human being
serenata serenade
serenidad *f.* serenity
sereno/a calm, serene
serie *f.* series; (TV) series
serio/a serious; **tomar en serio** to take seriously
servicio service
servilleta napkin
servir (i, i) to serve; to be suitable, useful; **servir de** to serve as, act as
severo/a strict
sexto/a sixth
si if
sí yes; **claro que sí** *interj.* of course
sí mismo/a himself, herself, oneself, itself
siempre always
siesta siesta, nap; **dormir (ue, u) la siesta** to take a siesta, nap; **tomar una siesta** to take a siesta, nap
siete seven
siglo century
significado meaning; significance
significar (qu) to mean
siguiente next, following; **al día siguiente** the next day
silenciar to silence
silencio silence

símbolo symbol
simpático/a nice, pleasant
sin *prep.* without; **sin embargo** nevertheless; **sin que** *conj.* without
sincero/a sincere
sino but (rather)
sinónimo synonym
síntoma *m.* symptom
sistema *m.* system
sitio site, place
situación *f.* situation
situado/a situated
sobre *n. m.* envelope; *prep.* about; on; **sobre todo** above all
sobrino/a nephew, niece; *pl.* nieces and nephews
sociedad *f.* society; **sociedad anónima (S.A.)** incorporated; stock company (Inc.)
socioeconómico/a socioeconomic
sol *m.* sun
solamente only
solas: a solas alone; in private
soldado soldier
soler (ue) + *inf.* to tend to be, be in the habit of (*doing something*)
solo/a *adj.* alone; sole
sólo *adv.* only
soltero/a single
solución *f.* solution
solucionar to solve
sombrero hat
sonar (ue) to sound; to ring
sonrisa smile
soñador(a) dreamy
soñar (ue) (con) to dream (about)
sorprender to surprise; **sorprenderse** to be surprised
sorpresa surprise
sospechar to suspect
su(s) *poss.* his, her, its, your (*form. s., pl.*), their
suave smooth; soft
subir (a) to go up
suceder to happen
suceso event
sucursal *f.* branch office
Sudamérica South America
suegro/a father-in-law, mother-in-law; *m. pl.* in-laws
sueño dream; sleep; **tener** (*irreg.*) **(mucho) sueño** to be (very) sleepy
suerte *f.* luck; **buena/mala suerte** good/bad luck; **número de la suerte** lucky number; **por suerte** fortunately, luckily; **tener** (*irreg.*) **(buena) suerte** to be lucky, in luck; **tener** (*irreg.*) **mala suerte** to be unlucky
suficiente enough, sufficient
sufrimiento *n.* suffering
sufrir to suffer
sugerencia suggestion
sugerir (ie, i) to suggest
superar to get through; to overcome
supermercado supermarket
suplicar (qu) to implore, pray
supuesto: por supuesto of course
sur *m.* south
surgir (j) to appear, emerge
sustantivo (*gram.*) noun
sustituir (y) to substitute
sustituto/a *n., adj.* substitute
susto scare, fright
sutileza subtlety
suyo/a(s) *poss.* your, of yours (*form. s., pl.*); his, of his; her, (of) hers; its; their, of theirs

T

tabla table, list (*of figures, etc.*); board
tal such (a); a certain (fellow) called; **como tal** as such; **con tal (de) que** so that; **¿qué tal?** how are you (doing)?; how about . . . ?; **¿qué tal si... ?** what if . . . ?; **tal como** just as, exactly the same as; **tal vez** perhaps, maybe
talento talent
taller *m.* shop (*for manufacturing or repair*); repair shop (*automobiles*); **taller de reparaciones** repair shop
también also, too
tampoco neither, not either
tan so, as; **tan... como** as . . . as; **tan pronto como** as soon as
tanto *adv.* so much; **estar** (*irreg.*) **al tanto** to be informed, up to date; **mientras tanto** meanwhile; **no es para tanto** it's not that serious; **tanto como** as much as
tanto/a/os/as *adj.* as much/many; so much/many; **tanto/a/os/as... como** as much/many . . . as
tardar to be long; to be or take a long time; **tardar (en)** + *inf.* to be or take a long time (to) (*do something*)
tarde *n. f.* afternoon, evening; **buenas tardes** good afternoon; **por la tarde** in the afternoon
tarde *adv.* late; **hacerse** (*irreg.*) **tarde** to be getting late; **llegar** (**gu**) **tarde** to arrive late; **más tarde** later; **se me hace tarde** it's getting late
tarea homework; task
tarifa rate, price
tarjeta de crédito credit card
tarjeta postal postcard
tasa rate; **tasa de desempleo** unemployment rate
taxi *m.* taxicab
taxista *m., f.* taxicab driver
te *d.o.* you (*fam. s.*); *i.o.* to/for you (*fam. s.*); *refl. pron.* yourself (*fam. s.*)
teatro theater; **obra de teatro** play, dramatic work
técnica technique
telefonear to telephone
telefónico/a *adj.* telephone; **llamada telefónica** telephone call
teléfono telephone; **por teléfono** by telephone
telegrama *m.* telegram
tele(visión) *f.* television (*broadcasting medium*)
televisor *m.* television set
tema *m.* theme, topic
temer to fear, be afraid of
temperatura temperature; **tomarle (a alguien) la temperatura** to take (someone's) temperature
templo temple
tenedor *m.* fork
tener (*irreg.*) to have; **que tenga (un) buen viaje** have a nice trip; **tener... años** to be . . . years old; **tener (buena) suerte** to be lucky, in luck; **tener celos (de)** to be jealous (of); **tener la culpa (de)** to be to blame (for); to be guilty (of); **tener en cuenta** to keep in mind; **tenerle envidia (a alguien)** to envy (someone); **tener éxito** to be successful; **tener una fiebre** to have a fever; **tener ganas de** + *inf.* to feel like (*doing something*); **tener hambre** to be hungry; **tener lugar** to take place; **tener miedo** to be afraid; **tener prisa (por** + *inf.*) to be in a hurry (*to do something*); **tener**

que + *inf.* to have to (*do something*); **tener que ver con** to have to do with, be related to (*a topic*); **tener (toda la) razón** to be (absolutely) right
tenis *m.* tennis
tensión *f.* tension
terapia therapy
terminar to end, be over; **al terminar...** when . . . is/was over
termómetro thermometer
ternura tenderness
territorio territory
testamento will, testament
texto text
ti *obj of prep.* you (*fam. s.*); **contigo** with you
tiempo time; weather; (*gram.*) tense; **al mismo tiempo** at the same time; **al poco tiempo** shortly after; **hace (muy) buen/mal tiempo** the weather's (very) good/bad; **¿qué tiempo hace?** what's the weather like?; **tiempo libre** free time; **todo el tiempo** all the time, the whole time, all along
tienda store, shop; **tienda de antigüedades** antique store; **tienda de comestibles** food store; **tienda de ropa para hombres/mujeres** men's/women's clothing store
timbre *m.* stamp (*Mex.*)
tímido/a timid
tinto: vino tinto red wine
tío/a uncle, aunt; *m. pl.* uncles and aunts
típico/a typical
tipo type, kind; guy
titi *fam. form of* **tía**
título title; diploma, degree
tocar (qu) to touch; to play (*musical instrument*); **tocar la puerta** to knock on the door
todavía still, yet
todo *n.* whole; all, everything; **ante todo** above all; **sobre todo** above all
todo/a *adj.* all, every; **de todas formas** in any case; **en todo caso** in any case, anyway; **por todas partes** all over, everywhere; **todo el tiempo** all the time, the whole time, all along; **todo el mundo** the whole world; everybody; **todos los días** every day
tolerar to tolerate
tomar to take; to have something to eat or drink; **tomar el aire** to get some fresh air, go for a walk; **tomar un autobús (barco/avión/taxi/tren)** to take a bus (ship/plane/taxi/train); **tomar una clase** to take a class; **tomar decisiones** to make decisions; **tomar en serio** to take seriously; **tomar una foto(grafía)** to take a picture, photograph; **tomar el pulso** to feel the pulse; **tomar una siesta** to take a siesta, nap; **tomarle cariño (a alguien)** to start to have affection for (someone); **tomarle (a alguien) la temperatura** to take (someone's) temperature
tormenta tempest, storm
toro: corrida de toros bullfight
torre *f.* tower
trabajador(a) *n.* worker; *adj.* hardworking
trabajar to work; **trabajar de** to work as; **trabajar de noche** to work at night
trabajo work; school paper, report; job
tradición *f.* tradition
tradicional traditional
traer (*irreg.*) to bring

tragamonedas: máquina tragamonedas slot machine
tragedia tragedy
traje *m.* suit; dress, costume
tranquilidad *f.* tranquility
tranquilo/a calm, peaceful; quiet
tras *prep.* after
tratamiento treatment
tratar to treat; to deal with; **tratar de** + *inf.* to try to (*do something*); **tratar de tú** to use informal address (**tú**) in conversation; **tratarse de** to be a question of
través: a través de through, across
treinta thirty
tren *m.* train; **estación** (*f.*) **del tren** train station
triste sad
tristeza sadness
triunfar to triumph
triunfo triumph
tropas troops
tu(s) *poss.* your (*fam. s.*)
tú *sub. pron.* you (*fam. s.*); **tratar de tú** to use informal address (**tú**) in conversation
tumba tomb
túnel *m.* tunnel
turismo tourism
turista *m., f.* tourist
turístico/a *adj.* tourist; **guía** (*m., f.*) **turístico/a** tourist guide; **plano turístico** map (*of a city*)
turnarse to take turns
tutear to use the informal address (**tú**) in conversation
tuyo/a(s) *poss.* your, of yours (*fam. s.*)

U

u or (*used instead of* **o** *before words beginning with* **o** *or* **ho**)
último/a last, final, ultimate; latest; **por última vez** for the last time; **última vez** last time
un, uno/a one; a, an (*indefinite article*); *pl.* some, a few, several
único/a unique; only; **hijo/a único/a** only child
unido/a united; close-knit, close; **Estados Unidos** United States; **ser unido/a** to be united, close-knit, close
universidad *f.* university
universitario/a *adj.* university
urgencia: de urgencia emergency
urgente urgent
usar *v.* to use
usted (Ud., Vd.) *sub. pron.* you (*form. s.*); *obj. of prep.* you (*form. s.*)
ustedes (Uds., Vds.) *sub. pron.* you (*form. pl.*); *obj. of prep.* you (*form. pl.*)
útil *adj.* useful
utilizar (c) to use, make use of

V

vacaciones *f. pl.* vacation
vacilar to vacillate
vacío emptiness, void
vago/a vague
valentía bravery
valer (*irreg.*) to be worth; **(no) vale la pena** it's (not) worth the trouble
valor *m.* worth, value; *pl.* values
valorar to value
¿vamos? shall we go?; **¡vamos!** *interj.* let's go!
vanidoso/a vain, conceited
variar to vary
varios/as various; several
varón *m.* male child

vecino/a *n.* neighbor; *adj.* neighboring
veinte twenty
veinticinco twenty-five
velada evening
vendedor(a) salesclerk
vender to sell; **se vende(n)** for sale
venida arrival; return
venir (*irreg.*) to come; **que viene** coming, next
venta sale; **en venta** for sale
ver (*irreg.*) to see; **a ver** let's see, let's have a look; **tener** (*irreg.*) **que ver con** to have to do with; be related to (*a topic*)
verano summer
verbo verb
verdad *f.* truth; **decir** (*irreg.*) **la verdad** to tell the truth; **¿verdad?** right?
verdadero/a true, real
verde green
verduras greens, vegetables
vergüenza shame; **tener** (*irreg.*) **vergüenza** to be embarrassed, ashamed
vértigo giddiness, dizziness
vestido dress; suit
veterinario/a veterinarian
vez *f.* (*pl.* **veces**) time, occasion; **a la vez** at the same time; **a veces** at times, sometimes; **alguna vez** ever; **de vez en cuando** sometimes; **érase una vez** once upon a time; **muchas veces** often; **otra vez** again; **(por) primera vez** (for the) first time; **(por) última vez** (for the) last

time; **tal vez** perhaps, maybe; **última vez** last time; **una vez** once; **una vez más** one more time
viajar to travel
viaje *m.* trip; **agencia de viajes** travel agency; **agente** (*m., f.*) **de viajes** travel agent; **hacer** (*irreg.*) **un viaje** to take a trip; **que tenga (un) buen viaje** have a nice trip
vicepresidente/a vice-president
vicio bad habit, vice
vida life; **llevar una vida...** to lead a . . . life; **vida diaria** daily life; **vida privada** personal life
viejo/a *n.* old woman, old man; *adj.* old
vinagre *m.* vinegar
vino (tinto) (red) wine
violado/a violated
violar to violate; to rape
violencia violence
violento/a violent
visión *f.* vision
visita *f.* visit; visitor
visitar to visit
vista view (of); sight; **amor** (*m.*) **a primera vista** love at first sight; **punto de vista** point of view
viudo/a widower/widow
vivir to live; **vivir de** to live off of, support oneself by
vivo/a alive, live, living
vocabulario vocabulary

vocación *f.* vocation, calling
volcán *m.* volcano
voluntad *f.* will, willingness
voluntario/a volunteer
volver (ue) (*p.p.* **vuelto/a**) to return; **volver a** + *inf.* to do (*something*) again; **volverse** to become, turn into
vos *sub. pron. s.* you (*substitute for* **tú**) (*Arg.*)
vosotros/as *sub. pron.* you (*fam. pl. Sp.*); *obj. of prep.* you (*fam. pl. Sp.*)
vuelo flight
vuelta return; **a la vuelta** around the corner; **billete** (*m.*) **de ida y vuelta** round-trip ticket; **estar** (*irreg.*) **de vuelta** to be back; to have returned; **pasaje** (*m.*) **de ida y vuelta** round-trip fare
vuestro/a(s) *poss.* your (*fam. pl. Sp.*); of yours (*fam. pl. Sp.*)

X
X: rayos X X-rays; **sacar (qu) rayos X** to take X-rays
xenofobia xenophobia

Y
y and; **¿y qué?** so what?; what do you want me to do?
ya already; now; later, later on; right away, at once; at last; **ya lo creo** of course; **ya no** no longer; **ya que** since
yerno son-in-law
yo *sub. pron.* I

INDEX OF CHARACTERS

This index includes the names of most of the characters who appear in *Destinos,* alphabetized by their first names in most cases. Photographs are included for many characters as well, along with a brief description of them and a city in which they live.

Alfredo Sánchez, Madrid, España. A reporter who meets Raquel.

Ángel Castillo de Valle, Buenos Aires, Argentina. Son of Fernando Castillo Saavedra and Rosario del Valle.

Ángela Castillo Soto, San Juan, Puerto Rico. Daughter of Ángel Castillo and María Luisa Soto.

el Dr. Arturo Iglesias, Buenos Aires, Argentina. A psychiatrist and the son of Rosario and Martín Iglesias.

Blanca Núñez, San Juan, Puerto Rico. A real estate agent.

Carlitos Castillo, Miami, Florida. Son of Carlos and Gloria and grandson of don Fernando.

Carlos Castillo Márquez, Miami, Florida. One of don Fernando's sons and director of the Miami office of the family company.

Carlos Soto Contreras, San Juan, Puerto Rico. One of Ángela's uncles.

Carmen Contreras de Soto, San Germán, Puerto Rico. Ángela and Roberto's grandmother.

Carmen Márquez de Castillo, La Gavia, México. Second wife of don Fernando and mother of their four children, Ramón, Carlos, Mercedes, and Juan.

Carmen Soto, San Juan, Puerto Rico. One of Ángela's aunts.

el ciego, Sevilla, España. He sells lottery tickets.

Cirilo, Estancia Santa Susana, Argentina. A gaucho and ex-employee of Rosario.

Consuelo Castillo, La Gavia, México. Don Fernando's daughter-in-law, she lives at La Gavia with her husband Ramón and daughter Maricarmen.

Dolores Acevedo, San Germán, Puerto Rico. A longtime household employee of doña Carmen and her family.

Elena Ramírez de Ruiz, Sevilla, España. Daughter-in-law of Teresa Suárez and mother of Miguel and Jaime. Her husband is Miguel Ruiz.

Federico Ruiz Suárez, Madrid, España. Son of Teresa Suárez, Federico is a guitar maker.

Fernando Castillo Saavedra, La Gavia, México. Patriarch of the Castillo family, don Fernando initiates the investigation that is carried out by Raquel Rodríguez.

Flora, Buenos Aires, Argentina. Wife of José, a sailor.

Francisco (Pancho) Rodríguez Trujillo. *See* Pancho Rodríguez Trujillo.

Gloria Castillo, Miami, Florida. Carlos's wife and mother of Juanita and Carlitos.

Guillermo, New York, New York. Pati's assistant director at the university theater.

Héctor Condotti, Buenos Aires, Argentina. An experienced sailor and friend of Ángel.

Isabel Santiago, San Juan, Puerto Rico. A bank executive.

Jaime Ruiz Ramírez, Sevilla, España. Grandson of Teresa Suárez and son of Miguel Ruiz.

Jaime Soto Contreras, San Juan, Puerto Rico. One of Ángela's uncles.

Jorge Alonso, San Juan, Puerto Rico. Ángela's boyfriend and a professor of theater at the University of Puerto Rico.

José, Buenos Aires, Argentina. A sailor and friend of Héctor.

Juan Castillo Márquez, New York, New York. The youngest child of don Fernando and a professor of literature at New York University; married to Pati.

Juanita Castillo, Miami, Florida. Daughter of Carlos and Gloria.

el Dr. Julio Morelos, Toluca, México. The Castillo family physician.

Laura Soto, San Juan, Puerto Rico. One of Ángela's cousins and the daughter of tío Jaime.

Luis Villarreal, Los Angeles, California. The former boyfriend of Raquel.

Lupe, La Gavia, México. A household employee of the Castillo family at La Gavia.

Manuel Díaz, Sevilla/Madrid, España. A schoolteacher who meets Raquel.

Manuel Domínguez, New York, New York. The producer of Pati's current play.

María, Madrid, España. Federico's girlfriend, who teaches flamenco dancing.

María Luisa Soto de Castillo, San Juan, Puerto Rico. Daughter of doña Carmen and wife of Ángel Castillo.

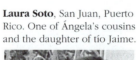

María Orozco de Rodríguez, Los Angeles, California. Raquel's mother.

la Hermana María Teresa, un pueblo, México. A nun who gives Ángela and Raquel a place to rest and bathe.

Maricarmen Castillo, La Gavia, México. Daughter of Ramón and Consuelo.

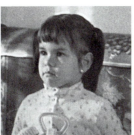

Mario, Buenos Aires, Argentina. A storekeeper in the La Boca district.

Martín Iglesias, Buenos Aires, Argentina. Second husband of Rosario, stepfather of Ángel Castillo, and father of Arturo Iglesias.

Mercedes Castillo Márquez, La Gavia, México. Don Fernando's only daughter, who lives at La Gavia with her father.

Miguel Ruiz Ramírez, Sevilla, España. Grandson of Teresa Suárez and son of Miguel Ruiz.

Miguel Ruiz Suárez, Sevilla, España. Son of Teresa Suárez and father of Miguel and Jaime.

Ofelia, Miami, Florida. Carlos's Cuban-born secretary.

Olga Soto Contreras, San Juan, Puerto Rico. One of Ángela's aunts.

Osito, Sevilla, España. A dog purchased by Miguel and Elena Ruiz for their sons, Miguel and Jaime.

Pancho Rodríguez Trujillo, Los Angeles, California. Raquel's father.

Pati Castillo, New York, New York. The wife of Juan and professor of theater at New York University, as well as a writer/director.

Pedro Castillo Saavedra, México, D.F., México. Law professor at the National University of México and brother of don Fernando.

Pepe, Sevilla, España. A barber in Sevilla.

Ramón Castillo Márquez, La Gavia, México. The oldest son of don Fernando. He runs Castillo Saavedra, S.A.

Raquel Rodríguez Orozco, Los Angeles, California. A lawyer contracted by Pedro Castillo to conduct the investigation.

Roberto Castillo Soto, San Juan, Puerto Rico. Son of Ángel Castillo and María Luisa Soto.

el Padre Rodrigo, un pueblo, México. A priest who offers comfort to Raquel and Ángela.

el Dr. Salazar, Guadalajara, México. A specialist who examines don Fernando.

Virginia López Estrada, México, D.F., México. A real estate agent.

Roberto García, Sevilla, España. A taxi driver from the Triana district.

Rosario del Valle de Iglesias, Buenos Aires, Argentina. First wife of don Fernando Castillo.

Teresa Suárez, Madrid, España. Friend of Rosario who writes the letter to don Fernando that initiates the investigation.